日本人にとって皇室とは何か

島田裕巳

プレジデント社

はじめに

女性皇族がクローズアップされた決定的な出来事

女性の皇族が果たしてきた役割は極めて大きい。

この本のなかで考えてみたいのは、とくにそのことである。

女性皇族の存在がクローズアップされるようになった決定的な出来事は、1959（昭和34）年4月10日の「ご成婚」である。これは、当時皇太子だった現在の上皇が美智子《みちこ》上皇后と結婚した出来事のことをさす。

私はその時点でまだ4歳だったので、直接の記憶はない。テレビのカラー放送はまだはじまっていなかった時代なのだが、NHKと、民間の放送局として最初にテレビ番組を放送した日本テレビは、カラーフィルムを使ってご成婚の出来事を撮影している。日本テレビは、その映像を編集し、映画館で上映した。当時は、映画がはじまる前にニュースが流されることが多かった。ＮＨＫも、１９６４（昭和39）年の東京オリンピックを契機にカラーテレビが普及しはじめた後、65（同40）年にそれを放送している。

日本が戦争に敗れ、１９４７（昭和22）年に日本国憲法が誕生するまで、皇族とは別に「華族《かぞく》」が存在した。１８６９（明治２）年に版籍奉還《はんせきほうかん》が行われた後、それまでの公卿《くぎょう》や諸侯《しょこう》の称が廃止され、華族が誕生した。公卿は律令制度にもとづく高官のことで、諸侯は大名のことである。

皇族も華族も特権階級であり、そうした家の女性たちに対する国民の関心は高かった。皇族や華族の女性たちの盛装姿は、新聞にも掲載され、「ファッションリーダー」としての役割を果たした。しかし、何よりご成婚が注目されたのは、美智子上皇后が民間の出身だったからである。それまで、皇族と結婚するのは華族の家の女性に限られていた。

美智子上皇后の父親は、日清製粉の創業者正田貞一郎《しょうだていいちろう》氏の三男で、貞一郎氏の跡を継いだ正田英三郎《ひでさぶろう》氏だった。貞一郎氏の生家は米問屋で、明治時代に入ってから醤油醸造業を営んでいた。まさに平民の家である。

「開かれた皇室」の象徴となったご成婚

戦後の社会においては、「開かれた皇室」ということが言われるようになる。民間の出身である美智子上皇后が皇太子だった上皇と結婚したことは、その象徴だった。ご成婚前には皇太子の結婚相手が取りざたされていたが、もっとも有力な候補とされたのが北白川《きたしらかわ》肇子《はつこ》氏だった。

北白川家は旧皇族で、１９４７（昭和22）年10月14日に皇籍離脱している。したがって、肇子氏はそれまで「女王《じょおう》」の立場にあった。肇子氏が女王だったのは「旧皇室典範《てんぱん》」にもとづくもので、天皇の玄孫までの女性が「内親王」で、五世以下が女王だった。

民間から皇室に嫁ぎ、美智子上皇后が皇族になることに対しては、旧皇族や旧華族の女性たちから強い反発があったともされる。逆に、ご成婚が新たな時代の到来を示す画期的な出来事だったとも言えるわけである。

上皇の弟に常陸宮正仁《ひたちのみやまさひと》親王がいる。その結婚相手になったのは華子《はなこ》妃で、彼女は津軽義孝《つがるよしたか》伯爵の令嬢として誕生している。母親も毛利元雄《もうりもとお》子爵の令嬢だった。華子妃は民間の出身ではなかった。兄の皇太子にも、十分に同様の結婚をする可能性があったわけである。しかし、現在の天皇も民間の女性と結婚し、雅子皇后が皇室の一員となった。これも、新たなご成婚として大きな注目を浴びた。こうして、「開かれた皇室」の伝統が受け継がれる形になった。

ご成婚以降も、美智子上皇后に対する国民の関心は高かった。その動向は、さまざまな形で取り上げられてきた。美智子上皇后が国民の前に登場し、交わりを持つ機会も少なくなかった。

国民が皇室の動向に接する「宮中のご公務」

天皇については、日本国憲法において、さまざまな役割を果たさなければならないと規定されている。それは、国会の指名にもとづいて内閣総理大臣を任命することや、内閣の指名にもとづいて最高裁判所長官を任命することからはじまって、数々の国事行為に及んでいる。

しかし、皇后を含め、天皇以外の皇族について、その役割は憲法では規定されていない。ただ、「ご公務」を果たすことは、規定されていなくとも役割として求められている。

宮内庁のサイトに示されている「宮中のご公務」をあげれば、次のようになる。

新年祝賀・一般参賀
天皇誕生日祝賀・一般参賀
親任式
認証官任命式
勲章親授式
信任状捧呈式
ご会見・ご引見など
拝謁《はいえつ》・お茶・ご会釈など
午餐・晩餐
園遊会
宮中祭祀《さいし》

このなかには、内閣総理大臣や最高裁判所長官を任命する親任式など、天皇だけが行うものもある。

だが、外国の元首夫妻などの賓客《ひんきゃく》と会う「ご会見」などは、皇后もともにその場につらなる。また、新年祝賀や一般参賀、あるいは園遊会ともなれば、すべての皇族がそれに臨むことになる。こうしたときのことは、新聞やテレビのニュースで報道され、その際の女性皇族のファッションも注目されてきた。

こうした「ご公務」は、「公的行為」とも呼ばれるが、今示したものの他に、外国訪問や地方訪問、歌会始などが含まれる。また、「私的行為」としては、福祉施設の訪問、コンサートや公演、展覧会、大相撲などの鑑賞があり、こうしたこともニュースとして報道される。国民はそうした報道を通して、皇后をはじめとする皇室の動向に接することになる。それも、皇室を開かれたものにすることに貢献している。

なお、公的行為と私的行為は、「宮廷費」が用いられるか、それとも「内廷費」が用いられるかで区別される。

「女性が天皇になるのを認めることに賛成か?」の調査

開かれた皇室というあり方は、国民からの支持も集めている。2019(令和元)年9月にNHKが行った調査では、「今の皇室にどの程度関心があるか?」について、関心があるが72パーセントにのぼった。そのうち、大いに関心があるが18パーセントで、多少は関心があるが54パーセントだった。男性より女性のほうが関心は高く、また年齢が高いほど関心は高くなっている。

「今の皇室に親しみを感じているか?」という問いでも、71パーセントが親しみを感じていると答えており、「平成以降、皇室と国民の距離は近くなったか?」でも、近くなったという答えが69パーセントにのぼった。

この時期は平成時代の天皇の退位が行われたばかりなので、「天皇の退位についてどう思うか?」という問いも用意されていた。制度化すべきが25パーセントで、その都度判断すべきが64パーセントと、それを上回った。

これから本書のなかで論じることにもなっていくが、「女性が天皇になるのを認めることに賛成か?」という問いには、74パーセントが賛成と答え、反対の12パーセントを大きく上回った。

女性の天皇ということになると「女系」ということが問題になってくるが、ここでは「『女系』天皇の意味を知っているか?」という問いも設けられていた。これについては、よく知っているが6パーセントで、ある程度知っているが35パーセント、あまり知らないがもっとも多く37パーセントで、全く知らないが15パーセントだった。

半数以上が女系天皇について十分な認識を持っていないことになるが、その上で、「『女系』天皇を認めることに賛成か?」という問いには、賛成が71パーセントで、反対が13パーセントだった。女性天皇についての賛否と、女系天皇についての賛否にはあまり変化がないことがわかる。ただし、女系天皇の意味について、より正しく認識されるようになれば、賛否の割合が変わってくる可能性はある。

皇位継承の不安における「女性宮家」創設策

保守派と言われる人たちは、女性天皇に反対し、とくに女系天皇に対しては、それを決して認めようとはしない。しかし、一般の国民の多くが、そうした保守派の見解に賛同しているわけではない。

そこには、1959年のご成婚以来、女性の皇族が開かれた皇室の担い手として、ずっと重要な役割を果たしてきたことが大きく影響しているはずである。

しかし、現在においては、皇室をめぐってさまざまな問題が起こっている。とくに皇族の数の減少は深刻で、将来において皇位継承がつつがなく行われるかどうかについて、大きな不安が生まれている。

その点については国会での議論にもなっているが、そこでは内親王や女王といった皇族の女性たちが結婚後も皇族としてとどまる「女性宮家」の創設が、皇族の数を減らさないための策として浮上している。

あるいは、盛んに行われている皇族に対するメディアの報道のあり方についても、さまざまな形でその問題が指摘されるようになってきた。

私は、これまで半世紀にわたって日本の宗教のあり方についてさまざまな角度から研究を進め、多くの本を書いてきた。皇室に直接かかわるものとしては、井沢元彦氏との共著

『天皇とは何か』（宝島社新書）、『天皇と憲法——皇室典範をどう変えるか』（朝日新書）、『天皇は今でも仏教徒である』（サンガ新書）がある。

本書では、近年における皇室をめぐるさまざまな話題を取り上げつつ、そうした事柄が生じてきた背景を明らかにすることをめざした。そのなかでは、女性皇族のことが極めて重要な事柄として浮上してくるはずである。

日本の国は、これから皇室をどのようにしていこうと考えているのだろうか。それは、日本の伝統とも深くかかわる重要な事柄なのである。

日本人にとって皇室とは何か　目次

はじめに　3

第一章　わきあがる「愛子天皇待望論」〜なぜ皇位継承は男系男子に限られるのか

第三章　悠仁親王と愛子内親王それぞれの選択〜筑波大学進学と学習院大学卒業

第四章　皇位は本当に男系で継承されてきたのか〜『光る君へ』が示唆する重大なこと

第六章　国連の勧告と皇室典範の改正〜海外から見た天皇制

第七章　女性天皇たちの時代があった〜戦争にも政争にも積極的だった女帝たち

第八章　血脈によらない皇位継承～称徳天皇の大胆な試みの真意

第九章　皇室ニュースターの華やかなオーラル～誰も知らない女性皇族のストーリー

第十章 なぜ皇室は危機にあるのか～十六人の皇室構成員

第十一章　象徴天皇制の未来～完成形態の終焉

【皇室の構成】

（四角囲みは崩御、薨去された方／本文内の皇室を離れた方は細字表記／2025年3月現在）

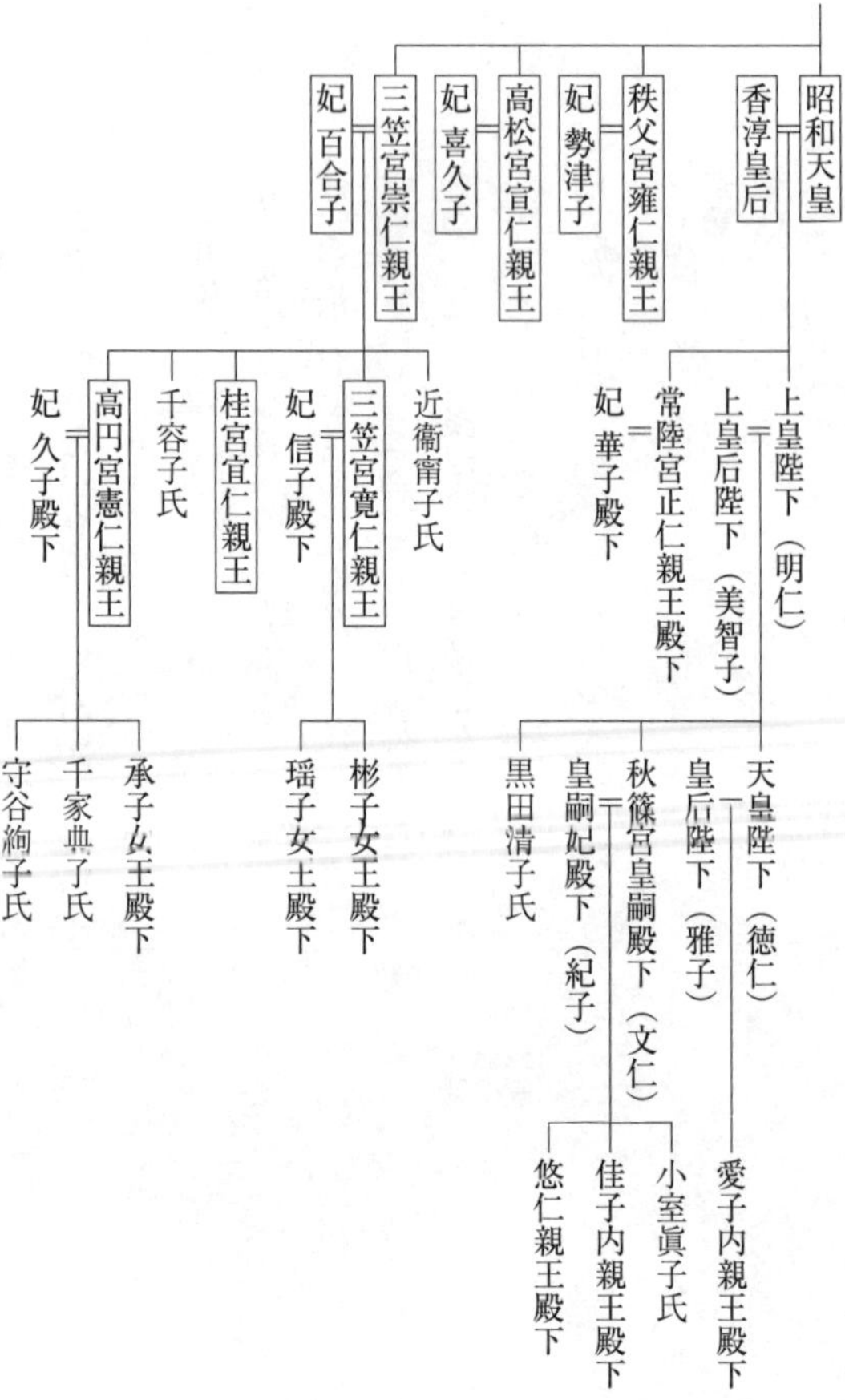

第一章

わきあがる「愛子天皇待望論」

～なぜ皇位継承は男系男子に限られるのか

男系男子の継承固執派への批判

最近では、「愛子《あいこ》天皇待望論」が強く唱えられ、それを支持する人たちも増えている。

その大きなきっかけになったのは、2023(令和5)年6月に、漫画家の小林よしのり氏が『愛子天皇論〔ゴーマニズム宣言SPECIAL〕』(扶桑社)を刊行したことである。

その後放送された2024(令和6)年度前半のNHK朝ドラ『虎に翼』の主人公は、日本の歴史上はじめて法曹界に入った三淵嘉子《みぶちよしこ》をモデルとしたドラマであったが、その番組では、男女の平等をうたった憲法第十四条がクローズアップされた。『愛子天皇論』では、男系男子しか認めない現在の皇位継承のシステムが女性差別だと糾弾されている。

小林氏は、男系男子の継承にこだわる保守派は、「はじめに」でふれたように多くが女性・女系天皇を容認する国民の声を無視しており、このままいけば、皇室制度そのものの存続が難しくなると警告している。

小林氏は、2024年9月に続編として、『愛子天皇論2〔ゴーマニズム宣言 SPECIAL〕』(扶桑社)を刊行している。そこでは、女性天皇や女系天皇を認めない男系固執派には、男尊女卑の思想が強くあることを批判している。

そうした主張を展開しているのは小林氏だけではない。皇室について研究している國學院大學講師の高森明勅《あきのり》氏は、2024年11月に『愛子さま　女性天皇への道』（講談社ビーシー）を刊行している。

高森氏は、愛子内親王が天皇にふさわしい理由を五つあげており、それを列挙すれば次のようになる。

1　女性天皇を排除する現在の皇位継承ルールでは、皇室そのものが存続できなくなる。

2　天皇は「国民統合の象徴」。その象徴に男性しかなれないルールは、いびつである。

3　天皇の後継者は、天皇との血縁が最も近く、おそばで感化・薫陶を受けた方がふさわしい。

4　天皇という地位は「国民の総意」に基づくべき。国民の気持ちを無視してよいのか。

5　「ジェンダー平等」は、現代における普遍的な価値観である（同書、カバーそで）。

高森氏の主張は、小林氏の主張と重なり合うところが多い。注目されるのは、両氏が、愛子内親王が学習院中等科一年のときに書いた「看護師の愛子」という作文を高く評価していることである。

愛子内親王の作文と記者会見から受ける想い

高森氏は「看護師の愛子」という愛子内親王の作文について、次のように紹介している。

この作品は「私は看護師の愛子」という一文から始まります。主人公の「愛子」は海に浮かんだ診療所でたったひとり、ケガをしたカモメやペンギンなどに「精一杯の看護をし」、やがて「海の生き物たちの生きる活力となっていった」物語です。美しいメルヘンの趣がありました。（同書34ページ）

その上で、ここには「傷つき苦しむ者たちに懸命に献身しようとされる敬宮《としのみや》殿下の優しいお気持ちが、自然に発露して」いるとし、「のちの日本赤十字社への勤務につながる、心の傾きを予感させます」と指摘している。敬宮を称号とする愛子内親王は、学習院大学を卒業後、２０２４年４月から日本赤十字社常勤嘱託職員として働いている。

小林氏も、『愛子天皇論２』のなかで、「中学時代に無意識のうちに小説に書かれ、成年の際に明言された、国民に寄り添い、国民の幸福を常に願うという想いが、こうして具体化されたのだ」としている。

愛子内親王は、２０２２（令和４）年３月17日に、成年を迎えたことを踏まえ記者会見を行っているが、その際には、次のように語っていた。

私は幼い頃から、天皇皇后両陛下や上皇上皇后両陛下を始め、皇室の皆様が、国民に寄り添われる姿や、真摯に御公務に取り組まれるお姿を拝見しながら育ちました。そのような中で、上皇陛下が折に触れておっしゃっていて、天皇陛下にも受け継がれている、皇室は、国民の幸福を常に願い、国民と苦楽を共にしながら務めを

果たす、ということが基本であり、最も大切にすべき精神であると、私は認識しております。（宮内庁ホームページより）

こうした想いを抱いている愛子内親王こそが次の天皇にふさわしいというのが、小林氏と高森氏に共通する主張である。

近未来小説「AAゴールデンエイジ」のリアルさ

実は、今から五年ほど前のことになるが、2019年に、愛子内親王が天皇に即位したときのことを描いた近未来小説が話題になったことがあった。

それは、「AAゴールデンエイジ」というタイトルの小説で、ネット上に公開された。作者は、「オジョンボンX（OjohmbonX）」という1985（昭和60）年生まれの人物だが、八潮久道《やしおひさみち》という名前で、2024年4月には『生命活動として極めて正常』（KADOKAWA）というSF短編集を刊行している。「AAゴールデンエイジ」は、投稿サイトである「カクヨム」で現在でも読むことができる（https://kakuyomu.jp/

works/1177354054888771609/episodes/1177354054888771633)。

タイトルからはまったく想像できないが、これは愛子内親王が天皇に即位してからの物語になっていて、舞台は２０５０年と設定されている。

この時代、日本ではじめて女性の首相が誕生する。それが、子役として名をはせ、現在では女優、タレントとして大活躍している芦田愛菜《あしだまな》だというのだ。

タイトルに使われているＡＡというイニシャルは、愛子内親王のＡと、芦田愛菜氏のＡである。小説のなかで、二人はスーパーレディーに設定されているが、なぜか次のように、友だち以上に親しい関係を結んでいることになっている。

首相就任時、愛子帝が「おめでとう」とカジュアルに祝意を伝えると、芦田首相もまた気軽に「火中の栗だよ、こんなの」と応じた。

もちろん、この小説は徹頭徹尾フィクションである。ただ、ひどくリアルなところもある。

それは、愛子天皇が誕生する経緯である。愛子内親王が天皇に即位するのは、現在のところ皇位継承資格者の第二位にある悠仁《ひさひと》親王が、天皇に即位したくないという理由で失踪してしまったからなのだ。

小説で描かれる悠仁親王の「皇籍離脱」

そのことについて小説では、「しばらくして大学生になった悠仁親王が行方不明になるという事件が起こった。宮内庁はその事実をひた隠しに隠したが5日後に情報がリークされると連日連夜メディアはその話題一色になった。誘拐、失踪、殺害、あらゆる憶測が取りざたされたが、7日目になって本人の映像がYouTubeに公開された。皇族を離脱したいという意思が語られた18分間の映像だった」と述べられている。

その映像のなかで悠仁親王は、自分には「国民の一人となって働き、誰かを支えていきたいという思いがずっと強くあった」とし、それとともに「国民統合の象徴としての責務を果たし得るのかという疑問も、同時に強くなっていった」と語った。そこで、「自身の信ずる役目に殉ずるべきではないか」と考えるようになったというのだ。

こうした出来事があったことから、皇族会議において、悠仁親王の皇籍離脱が認められ、それが愛子内親王の天皇即位に結びつくことになる。小説のなかで、愛子天皇はのちに、「ひー君（悠仁）はね、はたから見ても『天皇になること』への葛藤があったよ。もう、葛藤している時点でなれない。だからあたしが手を差し出したってだけで、正直あたしは天皇になってもならなくてもどっちでも良かったんだよ」と語ったということになっている。

そこで、愛子天皇が自らと悠仁親王の違いを、「帝王学」を受けているかどうかに求めている点は、興味深いところである。

自分にとって叔父にあたる秋篠宮《あきしののみや》文仁《ふみひと》皇嗣《こうし》（皇位継承順位第一位の皇族）は、自らも帝王学を受けていないので、それを子である悠仁親王に行うことにためらいがあった。ところが、愛子天皇の父である現在の天皇は、自分もそうであったように、「そういう教育しかできなかった」というのである。

こうした点で、「AAゴールデンエイジ」は、小林氏や高森氏の主張を先取りしているところがある。ただ、設定は奇抜で、30歳で即位した愛子天皇はそのときすでに結婚していて、子どもも男子が三人、女子が一人生まれていた。その後も子どもを生み続け、小説の終わりの箇所では十四人目を妊娠していることになっていた。

これなら皇位継承も万全ということになるが、都市工学を研究し、都市計画史の論文で博士号を取得したというのは、現実の愛子内親王とは大きく異なっている。愛子内親王が学習院大学で学んだのは日本文学であった。

皇位継承危機の一因となる秋篠宮家への不信感

小林氏や高森氏がそのようなことを主張しているわけではないが、もう一つ、愛子天皇待望論が盛り上がる背景には、現在、皇嗣と位置づけられている秋篠宮とその一家に対する国民からの根強い不信感がある。どれだけの国民が、そうした感覚を抱いているかは定かではないが、週刊誌などでは秋篠宮家を批判する記事が数多く掲載されてきた。

現時点で、次の天皇になる可能性がもっとも高いのは悠仁親王である。そこで、秋篠宮家からの即位を好まない人たちが愛子天皇を待望している面がある。

実際、皇室制度が危機に瀕《ひん》していることは間違いない。先の天皇が高齢であることを理由に譲位したことで現在の天皇が即位したわけだが、59歳での即位は歴代の天皇のなかで第二位にあたる高齢である。第一位は62歳で即位した光仁《こうにん》天皇で、光仁天皇は平安京遷都《せんと》を実現した桓武《かんむ》天皇の父にあたる（皇極天皇も同年齢で即位しているが、斉明天皇としての重祚《ちょうそ》だった）。

なぜ光仁天皇がそれほどの高齢で即位したのかといえば、その先代にあたる称徳《しょうとく》天皇が女帝で、後継者を定めないまま亡くなってしまったからである。

第八章で述べるように、称徳天皇は寵愛《ちょうあい》した道鏡《どうきょう》を次の天皇に即位させようとしたものの、その構想は、宇佐神宮から八幡神の託宣《たくせん》がもたらされることでついえた。その直後に称徳天皇は亡くなってしまい、道鏡を天皇とする計画は頓挫《とんざ》する。そこで、称徳天皇とは男系で八親等も離れた光仁天皇に白羽の矢が立った。このときも、皇位継承は危機的な状況にあったわけである。

五人しかいない現存の男性皇族

現状において皇位継承の資格を有するのは、皇嗣の秋篠宮、その息子である悠仁親王、そして、上皇の弟である常陸宮しかいない。常陸宮は2025年3月の段階で、すでに89歳と高齢であり、将来において天皇に即位する可能性は限りなくゼロに近い。現在の天皇と秋篠宮は五歳しか離れておらず、現天皇が上皇のように高齢で譲位し、秋篠宮が次の天皇として即位しても、その在位期間はそれほど長くはないはずだ。その点では、悠仁親王しか、実質的な皇位継承資格者はいないことになる。

男性の皇族自体、皇位継承資格者の三人と現在の天皇と上皇を含め五人しかいなくなってしまった。昭和天皇には秩父宮《ちちぶのみや》、高松宮《たかまつのみや》、三笠宮《みかさのみや》と三人の弟がいたが、秩父宮と高松宮には子どもが生まれなかった。三笠宮には、二人の内親王のほか、三人の親王が生まれたものの、その三人はすでに亡くなっている。うち二人の親王は結婚し、子どもをもうけたが、男子は生まれなかった。次に、新たに男性の皇族が誕生するとしたら、悠仁親王が結婚し、男子をもうけたときである。

果たして悠仁親王と結婚する女性は現れるのだろうか。それはかなりハードルが高いことなのではないか。民間から嫁いだ雅子《まさこ》皇后が、精神的に長く苦しんできたという事実もある。天皇になる皇族と結婚することには重大な決断を要するし、家族や親族は、それを簡単には許さないだろう。

しかも、「小室さん」をめぐる騒動があった。皇室とかかわれば、どれだけの誹謗中傷を受けるかわからない。そう簡単に、悠仁親王の結婚相手が現れるとも思えない。結婚がかなったとしても、そこに男子が生まれるという保証はまったくないのである。

皇位継承の危機を必然化させた旧皇室典範

皇位継承が危ぶまれる事態が訪れるのは、ある意味必然的なことである。というのも、近代の日本社会はその方向に動いてきたからである。

最初は、岩倉具視《ともみ》が「万世一系」というとらえ方を打ち出したことに原因がある。それをもとに、大日本帝国憲法と同時に1889（明治22）年に制定された旧皇室典範では、男子しか天皇になれないと定められた。それより前には、皇室典範にあたるようなものは長く存在しなかった。皇位継承を定める法的なものは、飛鳥時代以降存在しなかったのだ。

その上、旧皇室典範の第四十二条では、「皇族ハ養子ヲ為スコトヲ得ス」と養子が禁止された。現皇室典範では第九条である。皇室典範が制定されることで、それまでは存在していた女性天皇が封じられてしまったのだが、養子をとれなくなったことも大きい。

天皇家以外でも、家を継承することが重要なところはいくらでもある。かつては農家や商家において跡継ぎが重視されたが、血縁にそれが求められないときには養子をとることが一般的だった。

歌舞伎などの伝統芸能の家でも、養子が跡継ぎになるのは珍しいことではない。歌舞伎界の中心にあるのは市川團十郎《だんじゅうろう》家だが、現在の十三代目團十郎白猿《はくえん》の祖父にあたる十一代目は松本幸四郎《こうしろう》家から養子に入った。養子をとらずに家を存続させることは至難の業なのである。

華族制度の廃止と十一宮家の皇籍離脱

戦後になると、華族制度が廃止された。これは、憲法第十四条が「社会的身分又は門地」による差別を禁じたからである。華族が「皇室の藩屏《はんぺい》」と呼ばれたのは、皇族に対する結婚相手の供給源になっていたからである。

しかも、代々の天皇には、皇后以外に側室がいた。皇室典範では、天皇が側室を持つことは禁じられなかった。実際、明治天皇には五人の側室がいた。大正天皇の生母となった柳原愛子《やなぎわらなるこ》氏も華族の娘で、側室の供給源も華族の子女だった。

代々、側室から生まれた天皇は少なくないわけだが、戦後に改正された皇室典範では、天皇に即位する可能性のある親王は、第六条で「嫡出の皇子及び嫡男系嫡出の皇孫」と限定され、側室の生んだ子である庶子《しょし》が排除された。これによって、側室は明確に認められないことになった。

また戦後には十一宮家が一挙に皇籍を離脱し、それも皇族を縮小させることにつながった。その際に皇籍離脱し、旧皇族と呼ばれるようになったのは五十一人にものぼった。

戦後には、戦地に赴いていた兵士たちが復員したということもあり、ベビーブームが訪れた。人口は増え続け、むしろ、それをいかに抑制するかが課題になった。その時代には、将来において深刻な少子化が起こるとは予想されていなかった。たとえ、それを予測した人物がいたとしても、皇族の減少が注目されることはなかったであろう。

国会における皇室問題についての議論

しかし、社会全体を考えてみるならば、戦後において産業のあり方は大きく変わった。とくに1950年代半ばからの高度経済成長の時代には、農業を中心とした第一次産業から第二次の鉱工業、第三次のサービス業への大規模な転換が起こり、農家や商家といった家の重要性は著しく低下した。多くの人間が、企業や役所、各種の団体に雇用されるようになり、家を継承していかなければならないという感覚自体が希薄になった。天皇家の存続が危うくなるのも、そうした社会の変化と深く関係する。

こうした状況のなか、国会では、皇室の問題について議論されてきた。そこでは、「女性宮家」の創設という形で皇族女子を結婚後も皇室に残す案や、旧皇族の男系男子を養子縁組で皇籍に復帰させる案が出されている。とくに立憲民主党は、女性宮家の創設について積極的な姿勢を見せている。そこには、民主党政権の時代に、現在の立憲民主党の代表である野田佳彦《よしひこ》元首相のもとで、その議論がはじまったことが関係している。このことをめぐっては、国会で議論が続けられている。

国会での議論のなかでは、今のところ、女性天皇や女系天皇については問題にされていない。それに、たとえ愛子天皇が誕生したからといって、それがそのまま皇位の安定的な継承に結びつくわけではない。それでも小林氏や高森氏が愛子天皇待望論を主張するのは、愛子内親王が悠仁親王のように天皇の傍系ではなく直系だからである。

愛子内親王が持つ天性のカリスマ性

ただし先代の直系であることが、これまでの天皇の必須の条件になってきたわけではない。高齢で即位した光仁天皇もそうだが、傍系での即位はいくらでもあった。

それでも、愛子天皇待望論が主張され、女性天皇や女系天皇について国民の多くの支持があるのは、愛子内親王が独特の「カリスマ性」を持つからではないだろうか。

現代はポピュリズムの時代であり、天皇に対しても、国民をひきつけるだけの魅力が求められる。

人をひきつける能力はカリスマ性と言えるし、スター性とも言うことができるが、それは天性のものである。たんにその地位にあるからといって、カリスマ性が発揮されるわけではない。多くの国民は、悠仁親王からはカリスマ性を感じることがないのではないだろうか。それに対して、愛子内親王にはある。それこそが国民の一致した見方ではないだろうか。

なぜカリスマ性を備えているのか、その理由を明らかにすることは難しい。小林氏や高森氏は、中学時代の作文にその根源を見出そうとしているようにも見えるが、それが直接愛子内親王のカリスマ性に結びついているわけではない。

むしろそこには、愛子内親王が女性であることが深くかかわっているのではないか。その背後には、開かれた皇室のイメージを形成する上で決定的な役割を果たした美智子上皇后がいて、それを受け継いだ雅子皇后がいる。平成の時代にしても、令和の時代にしても、注目を多く浴びるのは男性である天皇ではなく、むしろ民間出身の二人の女性である。愛子内親王がこの二人の血を受け継いでいることが、そのカリスマ性を高めることに貢献しているのは間違いない。

「女の治め侍るべき国なり」という一条兼良の主張

天皇はむしろ女性であるべきだという議論が、実は過去にあった。それを主張したのが、室町時代に摂政《せっしょう》・関白《かんぱく》をつとめた一条兼良《いちじょうかねよし》である。兼良は学問に秀でていて、当時、菅原道真《すがわらのみちざね》以来の天才とも言われた。第一級の知識人だったわけだが、彼が室町幕府の第八代将軍、足利義政《あしかがよしまさ》の正室であった日野富子《ひのとみこ》に献呈した本に『小夜寝覚《さよのねざめ》』がある。そのなかで兼良は、皇位の継承にかんして次のような注目すべき発言をしている。

この日本国は、和国とて、女の治め侍《はべ》るべき国なり。天照大神《あまてらすおおみかみ》も、女体にて渡らせ給ふ上、神功《じんぐう》皇后と申し侍りしは、八幡大菩薩《はちまんだいぼさつ》の御母にて渡らせ給ふぞかし。

日本は女性が治めるべき国で、それは、天皇家の祖とされる天照大神が女性であり、神功皇后が当時「八幡大菩薩」と呼ばれることが多かった八幡神の母だからだと言うのだ。兼良が言う和国の「和」は、直接には和歌のことで、和国とは和歌の国ということである。だが和には、令和への改元で話題になったように、和らげるという意味がある（島内景二『大和魂の精神史――本居宣長から三島由紀夫へ』ウェッジ）。

日本を本当に平和な国にするには、女性天皇のほうが好ましいのではないか。そして、皇位は女系で受け継がれていくべきなのではないか。それが、本来の日本のあり方なのではないか。兼良の主張は、そのようにも解釈できる。

八幡神は、もともとは渡来人が祀《まつ》っていた神だが、神功皇后が生んだとされる応神《おうじん》天皇と習合した。それによって、天照大神に次ぐ第二の皇祖神として信仰を集めたが、兼良はそこに着目しているわけである。

『日本書紀』では、神功皇后に一巻が割かれている。それも摂政であった期間が六十九年にも及んだからである。それを反映し、大正時代になるまで、神功皇后は第十五代の神功天皇とされていた。兼良が現代に現れれば、愛子内親王の存在に着目し、愛子天皇待望論を声高に主張したに違いない。

兼良の時代に、日本が女性の治める国になっていたとしたら、その後の日本の歴史は大きく変わっていたはずだ。愛子内親王が天皇に即位すれば、それはさまざまな点で日本の社会を変えていくことになるはずなのである。

第二章

皇嗣・秋篠宮の悲哀

～なぜその発言は軽視されるのか

答えにくい質問も含まれる皇族の記者会見

秋篠宮文仁皇嗣は、59歳を迎えるのに先立って2024年11月25日に記者会見を行った。その内容はさまざまな波紋を生むことになった。

記者会見では、記者からの質問を受けるわけで、なかには答えにくい質問も含まれている。たとえば、第一章で愛子内親王の成年にあたっての記者会見についてふれたが、そのとき記者からは、結婚についてどのように考えるのか、理想の時期やパートナー像はあるのかと聞かれ、さらには、「小室眞子《まこ》さんの結婚の経緯をどのように受け止められましたか」とも問われている。

これは立場上答えにくい質問と思われるが、愛子内親王は、「眞子さんの結婚の経緯につきましては、朝見の儀や納采の儀などの儀式を行わない運びとなったのは、天皇陛下や秋篠宮皇嗣殿下の御判断によるものとうかがっておりますので、私から発言することは控えさせていただきたいと思います」と、直接には答えなかった。

ただその後に、「眞子さんは、私の十歳年上でございますので、物心付いたときにはすでに頼りになるお姉様のような存在で、周りを見渡し、自ら率先してお手伝いをされる姿がとくに印象に残っております」と付け加え、赤坂御所の庭で遊んだり、ゲームをしたりしたことは楽しく、「私の眞子さんとの大切な思い出でございます」と、小室眞子氏との関係が良好なものであったことを伝えていた。

その小室眞子氏の父親である秋篠宮は、記者会見で二つ波紋を呼ぶ発言をしている。

「生身の人間」と「いじめ」ということばの波紋

一つは女性宮家の創設にかんすることで、その制度について発言することは控えるとした上で、「該当する皇族は生身の人間なわけで、その人たちがそれによってどういう状況になるのか、そのことについて私は、少なくとも、そういう人たちを生活や仕事の面でサポートする宮内庁のしかるべき人たちは、その人たちがどういう考えを持っているかということを理解して、若しくは知っておく必要があるのではないかと思っております」と述べていた。

この発言に対しては、12月12日の定例会見で、宮内庁の西村泰彦《やすひこ》長官が「殿下のおっしゃったことはまさにそのとおりで、宮内庁の職員として心しておかなければいけないことだと思う。十分にお話をうかがう機会がなかったと反省している」と述べ、今後、率先してそうした機会を持つよう努力したいとしていた。

秋篠宮の発言にある「生身の人間」ということばは、とくに印象に残るものであった。皇族といえば特別視されるが、戦後においては神につらなる存在とみなされているわけではない。だが、そうしたとらえ方はどこかにまだ残っていて、皇族を一人の人間としてとらえる見方はとかく忘れられがちである。

もう一つ波紋を呼んだのが、秋篠宮家に対するバッシングにかかわることである。これは、秋篠宮の紀子《きこ》皇嗣妃が、9月11日の誕生日に宮内記者会からの質問に文書で答えたもののなかに出てくるのだが、「ネット上でのバッシングをどのように受け止めているか」という質問に対する答えで、紀子皇嗣妃は、「ネット上でのバッシングによって、辛い思いをしている人が多くいるのではないかと案じています。私たち家族がこうした状況に直面したときには、心穏やかに過ごすことが難しく、思い悩むことがあります」と記していた。

このことを踏まえ、秋篠宮に対しては、紀子皇嗣妃のことばをどう受け止めるかが問われた。秋篠宮はそれに対して、「その中でのバッシング情報というのは、これは第三者と当事者では恐らく意味合いが異なってくるように思います。当事者的に見るとバッシング情報というよりも、いじめ的情報と感じるのではないかと思います」と答えている。

メディアに躍る「国民を敵に回す覚悟を」という表現

ここで「いじめ」ということばが使われたことが注目された。『週刊文春』の記事のなかで、皇室の問題に詳しいという河西秀哉《かわにしひでや》名古屋大学大学院准教授は、それが「ある種、ある一部の国民を敵に回す覚悟を持った賭けだったようにも感じる」と評していた。

河西准教授は慎重な態度をとっているのだと思われるが、週刊誌の見出しでは、「国民を敵に回す覚悟を」ということばが躍っており、見出しだけを見た人々の印象はかなり違うものになったのではないかと想像される。

ここで、バッシングとかいじめと言われていることは、眞子氏の結婚をめぐる報道のことをさしているわけだが、それは相当に執拗《しつよう》なもので、現在までそれが続いていることは否定できない。そのなかには正しい情報と間違った情報が含まれているが、たとえ間違った情報が発せられたとしても、皇族の場合、一般の国民とは異なり、名誉毀損《きそん》で裁判に訴えることはできない。本来なら政府が皇族に代わって対処すべきことなのだが、この問題に対して政府が対処したり、何らかの対策を施したりしたことはない。そこに、秋篠宮の記者会見でそういった発言が出てくる一つの原因がある。

皇嗣といういかにも曖昧な立場

秋篠宮は、皇位継承資格者の筆頭に位置づけられている。しかし、通常のように「皇太子」の位に就いたわけではなく、「皇嗣」とされている。皇嗣とは、天皇の世嗣《せいし》で、皇位継承資格の第一位にある者のことだが、皇室典範では、「皇嗣たる皇子を皇太子という」と規定されている。皇子は天皇の子のことであり、秋篠宮は現天皇の弟であるため、皇子ではない。そこで、皇嗣と呼ばれているわけである。

ただ、皇嗣という立場は、いかにも曖昧《あいまい》である。歴史を遡《さかのぼ》っても、皇嗣と呼ばれた親王はいない。それは、明治より前には皇室典範が存在せず、皇子だけを皇太子とする規定がなかったからである。天皇の弟でも、いくらでも皇太子になれたのだ。

戦前であれば、このように曖昧な地位にある秋篠宮の悲哀を理解できる人間はかなりの数にのぼったはずだ。

というのは、戦前には「家督相続」の制度があったからだ。天皇家のように、代々家を継いでいかなければならない農家や商家がいくらでもあった。そうした家に生まれた男子のうち、将来において家を継げるのは一人だけで、次男や三男以下は、それができなかった。農家で考えてみるならば、そこにある田畑を複数の子どもたちで相続したら、家が成り立たなくなってしまう。商家ならなおさらだ。そうなると、次男以下は他家に養子に出るか、家を出て他に働き口を見出すしかなかった。家に残れば、使用人同様の境遇におかれたからである。

皇位継承資格者が複数いるのは危険な状態

天皇家の場合、天皇の位に就くことができるのは、基本的に最初に生まれた第一皇子だけである。ただ、昔は天皇が若くして亡くなることはいくらでもあり、第二皇子に即位の可能性がめぐってくることも少なくなかった。しかし、その機会が必ずめぐってくるというわけではない。

皇位の継承をつつがなく行うためには、皇位継承資格者が多くいたほうがいい。だからこそ代々の天皇は、皇后の他に側室を持ち、多くの親王や内親王をもうけてきた。

しかし一方で、皇位継承資格者が複数いるという状態は危険なことでもある。天皇のもとへ嫁いだ皇后や側室の背後には、摂関家などの公家の家があり、それぞれが自分の娘が生んだ親王を即位させようとさまざまに画策するからである。

そうなると、どうしても皇位継承をめぐって争いが起こる。皇位継承というものは、そもそもそうした大問題を抱えてきたのである。

皇位継承をめぐる早良親王の悲劇

皇位継承をめぐる争いが悲劇を生んだ典型的な例としては、早良《さわら》親王の場合がある。早良親王は、平安京遷都をなしとげた桓武天皇の弟である。当時は、兄弟でも母が違うことがいくらでもあったが、桓武天皇と早良親王は、光仁天皇と渡来人の系譜に属する高野新《たかののにい》笠《がさ》との間に生まれた同母の兄弟だった。

桓武天皇が即位すると、弟の早良親王は皇太子になった。ここが現代と違うところである。桓武天皇には安殿《あて》親王という後継者が生まれていたが、まだ幼かった。そこで早良親王は、桓武天皇にもしものことがあったときの中継ぎ役として皇太子となったのだ。

ところが皇太子になってから四年後、早良親王は、当時造営が進められていた長岡京の造長岡宮使《ぞうながおかぐうし》であった藤原種継《ふじわらのたねつぐ》の暗殺事件にかかわったとして皇太子の地位を奪われ、乙訓《おとくに》寺《でら》に幽閉されてしまう。本当に早良親王がそれにかかわったのかどうか、そこには議論があり、背景はかなり複雑である。

これによって、早良親王は淡路島に流されることになったのだが、抗議のためか、あるいは強制されてのことなのか、そこははっきりしないのだが、十日余にわたって絶食し、それで亡くなってしまう。

早良親王は元皇太子として壮絶な死をとげたことになり、それによってのちには疫病や飢饉《ききん》などの祟《たた》りを引き起こしたとされるようになる。それはのちの元右大臣、菅原道真の場合と共通する。早良親王に対しては、最終的に「崇道《すどう》天皇」と追贈され、その霊は丁重に祀られることとなった。京都の御霊神社など、崇道天皇を祭神としている神社はいくつもある。

皇位継承資格者が複数存在すると、そうした悲劇も生まれるのだ。

皇位継承の可能性がほぼない立場

もちろん、現在と早良親王の事件が起こった奈良時代末期とでは、天皇家をめぐる状況はまるで違う。秋篠宮が自ら天皇になろうとして、謀反《むほん》を企てるようなことはあり得ないし、そもそもその手立ては存在しない。

だが考えてみれば、天皇の子として生まれていながら、皇位を継承する可能性がほとんどない親王という存在は、どのように生きていけばよいのか、人生の方針を立てることが相当に難しいのではないかと考えられる。

秋篠宮は、皇位継承順位は第一位であるけれども、必ず天皇に即位できるわけではない。なにしろ、兄である現在の天皇との年齢差はわずか五歳である。現在の天皇が、昭和天皇のように生涯にわたって天皇であり続けるのか、それとも現在の上皇のように生前に退位するのかは定かではないが、どちらにしても、そこで秋篠宮が天皇に即位したとしたら、62歳で即位した光仁天皇を抜いて、最高齢で即位した天皇になることはほぼ間違いない。本人も、自分が天皇になるとはほとんど考えていないのではないだろうか。

さらに、その子息である悠仁親王は皇位継承順位第二位と位置づけられている。第一章で見たように、愛子天皇待望論がいくら高まりを見せたとしても、現状では愛子内親王が次の天皇に即位することはない。その点で、悠仁親王は実質的に次の天皇と見なされている。秋篠宮は、自分には天皇になる可能性は乏しいのだが、息子のことは天皇にしなければならないと思っているはずなのである。

「宮中祭祀」を司ることもない秋篠宮

将来天皇になる可能性が高い親王には「帝王学」が授けられるとされているが、秋篠宮にその機会はめぐってこなかった。兄である現在の天皇から、それを授かることもないであろう。ところが、息子にはそれを授けなければならない。このことが、愛子天皇待望論にも結びついていくわけだが、秋篠宮には帝王学を授けようがないのだ。

明治以降の皇室では、天皇の役割として「宮中祭祀」を司ることが重要視されてきた。

大祭においては、天皇が直接神主役となって祭祀を営む。明治天皇や大正天皇は宮中祭祀に熱意を持っていなかったとも言われるが、昭和天皇以降は、かなり熱心にそれを行ってきた。ところが、秋篠宮は宮中祭祀に参列しても、自ら祭祀を司ることもないのである。

天皇であれば、日本の象徴、日本国民統合の象徴として、国内外において果たすべき重要な役割がある。とくに皇室外交では、その主役として、諸外国の元首などと対等の立場で交わることができる。そうした機会が秋篠宮にめぐってくることもあるが、海外から元首としてみなされるわけではない。

「自分は何のために生まれてきたのか」

私が秋篠宮であったとしたら、幼い頃からそう自分に問い掛けることになったであろう。立場があまりに曖昧で、どうふるまったらいいか、その答えを見出すのはかなり難しいのではなかろうか。

「法親王」という中世の特別なポジション

実は、中世においては、皇位継承の可能性がほぼない親王には特別なポジションが用意されていた。それが、「法親王《ほうしんのう》」である。

法親王とは、出家した親王のことをさす。厳密に言うと、法親王とは別に「入道親王」がある。入道親王は親王としての宣下《せんげ》を受けた後に出家した場合で、出家後に親王宣下を受けると法親王となる。ただ、両者の区別は明確でないところもあり、法親王と一括してとらえてもよいようだ。

出家して僧侶になるといえば、世捨て人のような暮らしをすると思われるかもしれない。だが、実態はまったく逆なのだ。

中世においては宗教が政治の中心にあり、神仏への祈禱《きとう》や祈願を行う僧侶は、政治上極めて重要な立場にあった。法親王は、仏教界の中心にあった比叡山延暦寺《ひえいざんえんりゃくじ》のトップである「天台座主《てんだいざす》」に就任することもあれば、皇室に深いゆかりがあり、その点で格の高い「門跡寺院」の門主ともなり、国家安寧のために営まれる法要を司ることがあった。そうした祈禱や祈願は、社会にとって不可欠な行為であり、絶大な効力を発揮すると信じられていたのである。

出家した数々の親王たち

法親王のはじまりは、第七十二代の白河《しらかわ》天皇の第三皇子であった覚行《かくぎょう》法親王とされる。白河天皇には、当時としては当たり前のことだが、中宮をはじめ、女御《にょうご》、典侍《ないしのすけ》といった女性たちがいて、五人の皇子と六人の皇女に恵まれた。皇子のうち、第一皇子は幼くして亡くなり、第二皇子の善仁《たるひと》親王はのちに堀河《ほりかわ》天皇となるが、他の三人の皇子は覚行法親王を含め皆出家して、法親王となっている。

覚行法親王は、第五十九代の宇多《うだ》天皇が開基《かいき》となった真言宗の門跡寺院、仁和寺《にんなじ》のトップである門跡となった。第四皇子の覚法《かくほう》法親王も、覚行法親王の跡を継いで仁和寺門跡となり、第五皇子の聖恵《しょうえ》法親王も、門跡とはならなかったものの、仁和寺の華厳院《けごんいん》に住している。

法親王というとらえ方が生まれる前にも、出家する親王はいた。たとえば、第六十七代の三条天皇の第四皇子である性信《しょうしん》入道親王は、親王宣下の後に出家しているため入道親王ということになるが、覚行法親王の前に仁和寺門跡となっていた。

俗界を支配する道と仏教界を支配する道

江戸時代になっても、第百十四代の中御門《なかみかど》天皇の場合には六人の皇子がいて、第一皇子の昭仁《てるひと》親王が皇位を継承して次の桜町天皇になったほか、夭折《ようせつ》した第五皇子を除いて、第二皇子の公遵《こうじゅん》入道親王は天台座主となり、第三皇子の忠誉《ちゅうよ》入道親王は聖護院《しょうごいん》に入り、第四皇子の慈仁《じにん》入道親王は曼殊院《まんしゅいん》に入ってから仁和寺の門跡となり、第六皇子の遵仁《じゅんにん》入道親王も仁和寺門跡になっている。

つまり、天皇の皇子として生まれた場合、天皇に即位して俗界を支配する道もあれば、出家して法親王となり、仏教界を支配する道もあったことになる。法親王は、決して世を捨てたわけではない。むしろ、国家を支える極めて重要な役割を果たすことになったのである。

仏教界がそのような形をとったことによって、法親王ではなく、位の高い公家の家から出家したわけでもなければ、僧侶の世界で出世することはできなかった。法然《ほうねん》以下、鎌倉時代に新たに宗派を開いた宗祖たちは貴族ではないことが多く、貴族でも下級貴族の出だった。法然などは、今日の警察官にあたる押領師《おうりょうし》の子であり、父は殺されている。いくら学問に秀でていても、そうした子弟には出世の道は開かれなかった。だからこそ彼らは、比叡山を下り、独自に活動を展開したのである。

幕末には、皇室は仏教とかかわるべきではないという声が高まり、法親王は還俗《げんぞく》することになった。明治になると、皇族は出家できなくなった。それによって、皇位継承の可能性のない親王は、法親王という選択肢を失ってしまったのだ。

秋篠宮の発言が重要視されない理由

明治天皇の父である孝明《こうめい》天皇には、皇子が一人生まれたが、第一皇子は生まれたものの、母親とともに亡くなっている。明治天皇には、大正天皇以外、四人の皇子が生まれたが、皆、死産または夭折している。

大正天皇には、昭和天皇以外、秩父宮、高松宮、三笠宮が生まれ、三人の親王は軍人になっている。秩父宮と三笠宮が陸軍で、高松宮が海軍である。秩父宮と三笠宮は、中国に出征している。出家するのではなく軍人になることが、皇位継承の可能性のない親王の新たな役割となったのだ。

秋篠宮が明治より前に生まれていたら、法親王となり、高僧となって仏教界に君臨《くんりん》していたであろう。明治以降なら、軍人となる道が開かれていた。この二つの道は、すでに閉ざされてしまっている。秋篠宮にも公務があり、それを立派につとめることが課せられているものの、果たしてそこにどれだけの充実感があるのだろうか。出家や軍人の道のほうが、はるかに自己の存在に意義を見出せるのではないだろうか。

世間も、天皇の発言であれば、それを真摯《しんし》に受け止めざるを得ない。ところが、天皇に即位する可能性が薄い皇嗣であれば、その発言に重みが生まれようがない。

実際、秋篠宮の発言が重要視されたことはない。前述の記者会見での発言が宮内庁を動かしたとすれば、それは重要視されたことにもなるが、愛子内親王の記者会見が国民に温かく迎えられたのとは対照的な反応しか返ってこなかったようにも思われる。

国民も、秋篠宮に対して何を期待したらいいのか、それがよくわからない。期待するべきものがはっきりしないため、秋篠宮がどういった発言をしても、どういった行動をとったとしても、国民は満足もしないし、納得もしないのだ。

生身の人間の犠牲の上に成り立つ天皇制

農家や商家なら、その家を出るという選択肢がある。現代の親王でも、そうした道を選ぶことがまったく不可能というわけではない。皇室典範では、親王についても「やむを得ない特別の事由があるときは、皇室会議の議により、皇族の身分を離れる」ことができると定められているからである。そこでは特別の事由がどういうものかは説明されていないが、実際、そうした例もある。

日本でのことではないが、イギリスのヘンリー王子は、チャールズ国王の次男であるにもかかわらず、自らの意志で王室を離れた。なぜ離脱という選択に至ったのか。そこには複雑な事情があり、必ずしも真相が明らかになっているわけではない。ただ、ヘンリー王子は王室を離れるとともに、財政的な援助も失い、数々の称号を返上した。それでも自由に生きる道を選択したのである。

この出来事は、眞子氏が皇室を離れたときと重なる部分を持っている。眞子氏は、普通、結婚する前に行われる納采の儀などを行わず、一時金も貰わなかった。そうまでしても、皇室を離れる道を選んだのである。

ヘンリー王子にまつわる出来事がもっと前に起こっていたとしたら、秋篠宮もその道があったのかと考えたかもしれない。それが実際の行動につながったかどうかはわからないし、その可能性は低いと思われるが、皇嗣であっても、秋篠宮自身が言うように、生身の人間であることに変わりはない。皇嗣でありながら、皇位継承の可能性が極めて低いという状況のなか、さまざまに考えることはあるだろう。

しかし、秋篠宮が皇籍離脱を言い出せば、新たなバッシングの火種を作ることにもなりかねない。現在の天皇制は、秋篠宮の犠牲の上に成り立っている。私たちは、秋篠宮の悲哀に思いをはせる必要があるのではないだろうか。

第三章

悠仁親王と愛子内親王
それぞれの選択

～筑波大学進学と学習院大学卒業

予想をくつがえした悠仁親王の筑波大学入学

2024年12月、悠仁親王が筑波大学の生命環境学群生物学類に推薦入試で合格した。2025（令和7）年春からは、筑波で大学生活を送ることとなった。

合格が発表される直前に筑波大学を受験したという報道がなされ、それに驚いた人たちも少なくなかったようだ。

というのも、悠仁親王は筑波大学ではなく、東京大学を受験するのではないかと言われていたからである。そうした予測のもと、それに反対する署名運動まで行われた。東京大学に推薦で入学することは皇族としての特権の行使にあたり、公平であるべき入試制度が歪められるというのである。こうした署名運動が行われたのは前代未聞のことである。

たしかに、東京大学は最難関校であり、多くの受験生にとっては憧れの大学である。その東京大学に、皇族の一員であるということだけで入学を許されるのはいかがなものか。そのように考える人たちが現れたことになる。

ただ、その段階で悠仁親王本人も、親である秋篠宮夫妻も、進学先についてはいっさい発言していなかった。すべては憶測にもとづくもので、結局予想は外れたことになる。

皇族としては異例だった悠仁親王の学校選び

ただ、そうした憶測がなされる素地はあった。それも、悠仁親王のこれまでの学校の選択が、皇族としては異例のものだったからである。皇族なら学習院で学ぶというのが、これまでの基本だった。

実際、その親である秋篠宮も紀子皇嗣妃も学習院大学の出身である。愛子内親王も同じで、2024年3月には学習院大学文学部日本語日本文学科を卒業し、4月からは日本赤十字社の常勤嘱託職員として働いている。愛子内親王は幼稚園から学習院である。

悠仁親王の場合、幼稚園から学習院を選択しなかった。それがすべてのはじまりになり、お茶の水女子大学附属幼稚園に入園した。当時、紀子皇嗣妃がお茶の水女子大学で研究活動を行っていて、女性研究者を支える特別入園制度によるものだった。紀子皇嗣妃はその後、論文を提出し、同大学から博士号（論文博士）を授与されている。論文は、『結核予防の意識と行動について――結核予防婦人会講習会参加者・女子大学生の調査より』というものであった。

この時点で、悠仁親王が学習院の幼稚園に入っていたら、その後の進路は随分と違うものになっていたであろう。大学まで学習院で学んでいた可能性がある。ところが、お茶の水の幼稚園に入ったことで、愛子内親王とはまったく異なる道を歩むことになったのである。

悠仁親王は、小学校もお茶の水女子大学の附属に進み、中学校までそこで学んでいる。ただ、高校からは女子校になるため、筑波大学附属高等学校に進学することとなった。それは、お茶の水と筑波の提携校進学制度によるものだった。

この制度は、悠仁親王のために設けられたものだとも言われる。この制度を用いれば、筑波大附属の通常の入学試験を受ける必要はない。筑波大附属のサイトを見てみると、現在でもこの制度による募集は行われている。ただ、この制度が実際にどの程度活用されているのかはわからない。

東京大学の推薦入試に反対する声があがる背景には、このように悠仁親王が一般の入試を経験せずに高校まで進んできたことがある。入試に苦労してきた一般の人間からすれば、皇族としての特権を行使しているように感じられるのだ。

天皇から下賜された校名「学習院」

秋篠宮や愛子内親王を含め、皇族が学習院に進学してきたのは、そもそも学習院が皇族や華族のための教育機関として設置されたからである。

学習院大学のサイトによれば、江戸時代の終わり、1847（弘化4）年に京都御所に公家の学問所が設けられた。1849（嘉永2）年には孝明天皇から「学習院」の額（勅《ちょく》額《がく》）が下賜《かし》されたことで、学習院という校名が定まった。明治時代になった1877（明治10）年には、神田錦町に華族学校が開設され、そこが学習院の名を受け継ぐことになった。

したがって、皇族や華族の子弟の教育を担う学習院は、法律によって宮内省立の官立学校となった。こうした学校は他にない。学習院には、初等学科・中等学科・高等学科（のちに初等科・中等科・高等科）が設けられた。高等学科は旧制高校に匹敵する。旧制高校は、現在の大学の前期教養課程までを担っていた。

学習院には、皇族はもちろんのこと、華族であれば無条件で入学することができた。また、高等学科までの進学も保障された。皇族や華族以外の士族や平民でも入学はできたが、一部に限られていた。

士族とは江戸時代まで武士だった人間に与えられた身分呼称である。明治時代のはじめには家禄や帯刀などの特権があったが、次第にそれは失われ、西南戦争などの士族反乱に結びついた。それ以降は法的な特権はなくなり、戦後には廃止された。

戦後になると華族の制度も廃止され、それにともない学習院も1949（昭和24）年に新制の私立大学として改めて開学されることになった。それでも皇族は学習院を選んできた。現在の天皇も幼稚園から大学まで学習院で、大学院の博士前期課程も学習院大学大学院人文科学研究科を修了し、文学修士の学位を得ている。

それと比較したとき、悠仁親王の進学先は大きく異なっている。一度も学習院に籍をおいたことがないのだ。その兆しは、悠仁親王の姉たちの進学先の選択に示されていた。

学習院大学で出会った文仁皇嗣と紀子皇嗣妃

秋篠宮自身は、幼稚園から大学まで学習院だった。学習院大学では法学部政治学科で学んでいる。

ただし大学卒業後はまったく異なる学問分野を選択し、オックスフォード大学セント・ジョンズ・カレッジ大学院動物学科に留学して、魚類にかんする分類学を学んでいる。その後、日本の総合研究大学院大学で研究を進め、家禽《かきん》の鶏の起源を遺伝子にもとづいて分析した論文で博士号を得ている。論文の題名は、"Molecular phylogeny of junglefowls, genus Gallus and monophyletic origin of domestic fowls"である。

また、秋篠宮はナマズの研究者としても知られているが、ナマズへの関心は学生時代からのことである。そのため「ナマズの殿下」とも呼ばれるが、そこにはハゼ類の分類について研究を行った上皇の影響が考えられる。上皇と秋篠宮は、ハゼ類について共同で論文も執筆している。

紀子皇嗣妃とは学習院大学で出会っている。紀子皇嗣妃の父親である川嶋辰彦《たつひこ》氏が学習院大学で教えるようになり、紀子皇嗣妃は学習院初等科に編入し、学習院女子中等科・高等科から学習院大学文学部心理学科に進学していた。そこで秋篠宮と出会ったのだ。

国際基督教大学を卒業した眞子氏と佳子内親王

二人の間に生まれた長女の眞子氏も、幼稚園は学習院で、高校まで学習院に通った。ところが、大学は学習院ではなく国際基督教大学を選び、ＡＯ入試を経て進学している。在学中にはイギリスに留学し、大学卒業後にはイギリスのレスター大学の大学院で学んで修士号を得ている。やがて結婚する小室圭氏は国際基督教大学の同級生である。

内親王の場合、成年になれば結婚し、皇籍を離れる可能性が高くなる。現在では女性宮家の創設が議論になっているが、通常なら、皇籍を離れた後、一般の国民と同じ暮らしをすることになる。眞子氏は、そうした将来を見据えて国際基督教大学に進学したのかもしれず、それが、妹の佳子《かこ》内親王や弟の悠仁親王の進学に影響した可能性はある。

佳子内親王も幼稚園から学習院で、大学も学習院大学文学部教育学科に進んでいる。そこが姉とは異なる。ところが、一年生の夏にアメリカのボストンで一カ月のホームステイをした後、二年生の夏に学習院大学を中途退学してしまった。その後、姉と同じように国際基督教大学のＡＯ入試に合格し、翌年の４月から同大学に入学している。新たに大学生活をはじめたことになり、卒業はその四年後のことだった。

眞子氏と佳子内親王の姉妹は、ともに国際基督教大学の卒業生となったわけだが、高校までは学習院だった。ところが、悠仁親王は一度も学習院に入らず、大学に進学することになる。これが、近代の皇室において異例なことであるのは間違いない。

悠仁親王が海外留学する可能性

秋篠宮が2024年11月25日に記者会見を行ったことについては前の章でふれた。それは、秋篠宮が夫妻でトルコを公式訪問する直前だったこともあり、記者からは、悠仁親王の留学についても尋ねられている。

それに対して秋篠宮は、「私は、長男には海外で学ぶ機会を得てほしいと思っています。今暮らしている所と違う場所、また違う文化の所に行って、そこから日本を見つめ直すこともできましょうし、また、その機会を使って、いろいろな所を回って、見聞を広めるという意味でも大事だと思います」と答えている。

皇族の多くは海外留学を経験している。姉二人も留学している以上、悠仁親王が近い将来において海外留学する可能性は極めて高い。そうした留学経験が皇族にとっていかに大きなものかについては、第九章で改めて述べることになる。

これに対して、学習院大学を卒業した愛子内親王は、大学在学中、たとえ短期であっても海外留学は経験していない。

そこにはコロナ禍ということが大きく影響しているとも考えられるが、日本赤十字社に就職し、大学院にも進まなかったことからすると、近々海外留学する可能性は低いように思われる。卒業前には、愛子内親王は大学院に進み、留学もするのではないかと予測されていたのだが、それとはまったく異なる道を選んだことになる。

愛子内親王と黒田清子氏の類似性

その点について、果たして愛子内親王がどのように考えているのか、それはわからない。また、両親である天皇夫妻の意向もわからない。記者会見などでその点が尋ねられたことはないので、まったく情報がないのだ。

天皇は大学卒業後、大学院に進む前に、オックスフォード大学マートン・カレッジに留学している。雅子皇后に至っては海外経験が豊富で、アメリカのハーバード大学を卒業している。その後、東京大学に学士入学し、外務省に入ってからもオックスフォード大学ベリオール・カレッジに留学している。

ただ、天皇の妹である黒田清子《さやこ》氏の場合には、幼稚園から大学まで学習院で、大学では国文学科（現・日本語日本文学科）に在籍している。卒業後は、山階《やましな》鳥類研究所の非常勤研究助手や非常勤研究員となり、２００５（平成17）年に結婚して皇室を離れるまで、鳥類の研究を行っている。研究分野が大学時代と大きく異なるのは、兄の秋篠宮と共通する。そして清子氏の場合は、私が調べた限り、一度も留学を経験していないものと思われる。

愛子内親王は、この清子氏と同じ道を歩んでいるようにも見える。大学も同じ学科であり、大学で学んだことが日本文学で、海外留学に結びつきにくいのも事実である。

卒業論文のテーマに和歌を選んだ愛子内親王

現在の学習院大学は総合大学で、五つの学部を擁している。愛子内親王が卒業したのは文学部日本語日本文学科であった。現在の天皇も同学部の史学科の出身である。

天皇の場合、史学科で研究したのは日本中世の交通史、流通史であった。ところが、オックスフォード大学で研究したのは、テムズ川の水運史であった。留学中は日本史の研究から西洋史の研究に転じたことになる。

愛子内親王の場合、研究テーマに選んだのは和歌であった。卒業論文は『式子《しょくし》内親王とその和歌の研究』というものだった。式子内親王は、平安時代末期に在位した第七十七代後白河《ごしらかわ》天皇の皇女で、当時の代表的な女流歌人である。

百人一首には、「玉の緒よ絶えなば絶えねながらへば忍ぶることのよわりもぞする」という式子内親王の歌が含まれている。これは恋の歌で、玉の緒は自らの魂、命を意味する。命が絶えてしまえと詠っているのは、このまま生きていけば恋を耐え忍ぶ力が弱まり、そのことが人にわかってしまうからだというのである。

和歌は、漢詩と対照される日本語の詩ということになるが、和歌を詠むことは古来、天皇や公家のたしなみとされてきた。だからこそ式子内親王も多くの歌を詠んだのであり、天皇や上皇によって撰者が指名される勅撰集には多くの歌がおさめられてきた。

宮中において、和歌がいかに重要かは、毎年一月に開かれる「歌会始」に示されている。これは鎌倉時代のはじめから続く皇室の伝統行事である。愛子内親王はその和歌に着目した。これまで、大学で和歌の研究を行った皇族は存在しないのではないだろうか。

上皇について詠うことをつとめとした美智子上皇后

昭和の時代の後半から近年までの歌会始において抜群の存在感を示してきたのが、現在の美智子上皇后である。上皇后になったことで歌会始で歌を詠むことはなくなり、最後の歌会始は2019（平成31）年であった。その年のお題は「光」で、上皇后は「今しばし生きなむと思ふ寂光に園の薔薇のみな美しく」と、皇后を退くことの感慨を詠っていた。

上皇后の歌人としての真価が発揮されたのは、その前年の歌だった。お題は「語」で、上皇后は、「語るなく重きを負ひし君が肩に早春の日差し静かにそそぐ」という歌を詠んでいる。それは、譲位する当時の天皇の心情をおもんぱかっての歌であった。

上皇后の歌には頻繁《ひんぱん》に「君」、つまりは、当時の明仁《あきひと》天皇、現在の上皇のことが登場した。2013（平成25）年の歌は、「天地にきざし来たれるものありて君が春野に立たす日近し」というものだった。お題は「立」である。

上皇はその前年の2月18日に心臓の手術を受けており、上皇后の歌は、上皇の回復を願ったものである。しかも、歌のなかには、手術を担当した執刀医の名前が詠み込まれていた。そうした遊びも和歌の技巧の一つになるが、それを微塵《みじん》も感じさせない見事な歌になっている。

皇后であった時代、美智子上皇后は、天皇について詠うことをそのつとめとしていた。それは、皇后にしかなし得ない特権であり、それによって上皇后は現代において並ぶ者のない最上の歌人となった。また『皇后美智子さまのうた』(朝日文庫)といった歌集も刊行されてきた。

2025年1月には、それまで発表されなかった上皇后の歌が『歌集　ゆふすげ』(岩波書店)として刊行され上皇后の歌のファンに歓迎された。

愛子内親王ならではのスケールの和歌

愛子内親王が和歌を研究テーマに選ぶ上で、祖母である上皇后の歌が大きく影響していた可能性は十分に考えられる。そもそも和歌は皇室の伝統である。

内親王の研究の成果は、2024年の歌会始（お題は「和」）で詠まれた「幾年の難き時代を乗り越えて和歌のことばは我に響きぬ」に示されている。難き時代とは、直接には内親王が大学に入学した年から経験したコロナ禍のことをさすのであろう。愛子内親王が大学で対面授業を受けたのは四年生になってからだった。だが、日本の社会がこれまで経験してきたさまざまな苦難を含むものとも解釈することができるわけで、歌としてのスケールは相当に大きい。内親王ならではの歌とも言える。

しかも、前年2023年の歌（お題は「友」）は「もみぢ葉の散り敷く道を歩みきて浮かぶ横顔友との家路」というもので、いかにも若者が詠む和歌だが、それと比較した場合、一年の間に歌の技量が相当に進歩しているようにも感じられる。

私はこれまで、毎年上皇后の歌に着目し、いくたびも感銘を受けてきたが、その後継者が生まれたのではないかと感じている。

そこに学習院で学んだということがどこまで影響を与えているかはわからないが、少なくとも国際基督教大学に進んでいたら、和歌を研究することはなかったであろう。そうなれば、「幾年の難き時代を乗り越えて和歌のことばは我に響きぬ」という歌も詠まれなかったはずである。

学ぶ皇族がいなくなった学習院という教育機関

秋篠宮家の姉弟が、学習院で教育を受けることを避けるようになった理由も十分に考えることはできる。一番大きい理由は、学習院がもっぱら皇族や華族のための教育機関ではなくなったことにある。学習院も一般の私立大学として、すでに長い歴史を重ねてきている。

「GMARCH（ジーマーチ）」ということばがあるが、それは、学習院大学（G）を明治大学（M）、青山学院大学（A）、立教大学（R）、中央大学（C）、法政大学（H）と一くくりにしたもので、一流の大学ではあるが、進学の難易度では東京大学や早稲田、慶應、あるいは上智よりも劣るとされている。子どもの数が減り、どの大学も、入学者をいかに確保するかに腐心するようになってきた。

学習院の場合、何より戦後において華族制度が廃止された影響が大きい。それによって、「皇室の藩屏」とも呼ばれ、皇室を守る役割を期待されてきた華族は消滅した。さらには皇族も多数皇籍離脱し、皇族の数は大幅に減少した。旧皇族はその後も皇族との関係を保ち、皇族との親睦団体である「菊栄《きくえい》親睦会」も生まれたが、その子弟が必ず学習院に進むわけではなくなった。

しかも愛子内親王が学習院大学を卒業したことによって、学習院で学んでいる皇族は今のところ、まったくいなくなった。今後、そうした皇族が現れる可能性は極めて低い。

なにしろ、もっとも若い皇族が悠仁親王であり、その悠仁親王は学習院とはまったく無縁なのである。将来、悠仁親王が結婚して子どもが生まれたとしても、学習院に進ませることはないのではないだろうか。

「ご学友」が定められなかった戦後の変化

戦前においては、将来皇位を継承する皇族が学習院に入った場合、「ご学友」というものが定められた。昭和天皇の場合だと、学習院に校舎が一棟新設され、十二人のクラスメイトがご学友と定められた。ご学友は、昭和天皇とともに学び、ともに卒業していったのである。

現在の上皇にも、こうしたご学友が定められた。上皇が学習院初等科に入学したのは、戦前の1940（昭和15）年のことだった。ただし、皇太子の時代、外国訪問が長期にわたったため、学習院大学では単位が足りなくなり、結局中退することになった。留年することも選択肢に浮上したが、ご学友と同じ学年でなくなることが、それを選ばなかった一つの理由となった。それほどご学友の存在は大きいのだ。卒業後も、ご学友は天皇と連絡をとり合い、よき相談相手になってきたのである。

現在の天皇には、戦後ということで、ご学友は定められなかった。クラスメイトに華族などいないわけだから、そんなことはもとより不可能である。

親は子どもの学校選びにおいて、自分と同じ学校や、性格の似た学校にしようとしがちである。秋篠宮家の場合、両親はともに学習院大学の卒業であり、子どもたちを母校に進ませても不思議ではない。

しかし、学習院が、昔のように皇族が学ぶ場として必ずしもふさわしいものでなくなっているのも事実である。戦後になるまでは官立の学校であったため、入学者の確保など、学校を成り立たせるための経営努力をする必要はなかった。

それが戦後に一般の私立大学と同じになったわけで、学習院も、そのなかで生き抜いていかなければならない状況におかれることになった。皇族の進学先であることは学校の権威を高めることに貢献するかもしれないが、それだけで入学者を集められるわけではない。皇室のことをもっぱら考えているわけにもいかないのである。

カリスマ性と特殊性に見る学び舎の影響

国際基督教大学は戦後に生まれた大学で、日本とアメリカのキリスト教徒が協力することで誕生した。大学の創立は１９４９（昭和24）年のことになるが、準備はその前から進められていた。

日本は、１９４５（同20）年から１９５２（同27）年まで連合軍の占領下におかれていた。占領政策の中心にいたダグラス・マッカーサーは、熱心なキリスト教徒で、戦後の日本をキリスト教化することを考えていた。

したがって、国際基督教大学の創立にも強い関心を示し、設立のための募金が開始されたときには名誉議長をつとめている。そして、設立準備委員会の名誉総裁には昭和天皇の弟、高松宮宣仁《のぶひと》親王が就任した。その点で、国際基督教大学はもともと皇族との縁があったのである。

秋篠宮家の姉妹が国際基督教大学を進学先に選んだのも、そうした縁が関係していたかもしれない。内親王は、将来において結婚し、皇族から離れる可能性が高いわけで、英語力を身につけ、国際的な視野を持つことも必要になる。

それに対して愛子内親王は、皇族の伝統である学習院で学び続け、しかも和歌を研究し、歌人としての才能の片鱗《へんりん》を見せはじめている。第一章で愛子内親王のカリスマ性についてふれたが、そうしたことがそこに関係している可能性は高い。

また、それによって、悠仁親王の皇族としての特殊性が際立ってきたことも事実である。果たしてそのことが今後どのような影響を与えることになるのか。それは大いに注目されるところなのである。

第四章

皇位は本当に男系で継承されてきたのか

〜『光る君へ』が示唆する重大なこと

平安期の皇族の姿が描かれた大河ドラマ『光る君へ』

2024年のNHK大河ドラマ『光る君へ』は平安時代を舞台にした物語だった。中心になるのは、摂関政治の頂点を極めた藤原道長《みちなが》と、『源氏物語』を書いた紫式部《むらさきしきぶ》であった。

紫式部は「まひろ」という名前で登場するが、実際にはその実名はわかっていない。紫式部の父は越後守《えちごのかみ》をつとめた藤原為時《ためとき》で、藤原氏のなかでもっとも力を得た北家に属し、その前に越前守もつとめているが官位は正五位下で、決して地位は高くなかった。ドラマのなかでも、長く官位を得られず、貧しい暮らしに甘んじなければならなかった一家の姿が描かれていた。

大河ドラマといえば、源氏と平家の戦いの時代、あるいは戦国時代や幕末維新期が舞台になることが多く、合戦シーンが見どころになってきた。ところが、『光る君へ』は朝廷と公家の世界が舞台になっており、そうしたシーンはほとんど見られなかった。

そのためか、視聴率は低迷し、史上二番目の低さだった。しかし、現在では大河ドラマの視聴形態が変化しており、配信での視聴数は好調だった。私もほとんどの回をNHKオンデマンドで視聴した。

私が『光る君へ』をすべて見通すことができたのは、その実態をつかみにくい平安時代の朝廷や公家の社会がわかりやすく表現されていたからである。

藤原実資の日記『小右記』が支える史実

平安時代のことを調べていると、必ず公家の日記を史料として使うことになる。その代表が『小右記《しょうゆうき》』で、ドラマにはその筆者である藤原実資《さねすけ》が登場した。これを演じたのがお笑い芸人の秋山竜次《りゅうじ》氏だったのだが、ドラマ全体のなかでもっとも演技が光っていた。その演技を通して、実資がいかなる人物であったのかがわかったように思えた。

『小右記』は、残念ながらすべてが伝わっているわけではなく、現存しているのは982（天元5）年から1032（長元5）年までの部分である。途中欠けている巻もあるのだが、そのほとんどの期間、実資は公卿の地位にあった。公卿は、今でいえば内閣の大臣である。しかも『光る君へ』で描かれたように、実資はかなり厳格な人物で、道長も一目置いていたと言われる。

『小右記』は現代語訳され、『光る君へ』で時代考証を行った倉本一宏《かずひろ》氏の編で吉川弘文館から刊行されているものの、実資についての伝記は今のところ書かれていないように思われる。あるいは、これを機に実資の伝記本が刊行されることになるかもしれないが、その価値は十分にあるのではないだろうか。

平安時代のリアルを今に伝える日記群

当時、日記を書いていたのは実資だけではない。道長も、『御堂関白記《みどうかんぱくき》』を残している。『小右記』は写本でしか残っていないが、『御堂関白記』は全部ではないものの道長直筆のものが残っており、それは国宝に指定されている。

あるいは、道長に忠誠を尽くし、道長と同じ日に亡くなった藤原行成《ゆきなり》も『権記《ごんき》』という日記を残している。行成は能書家として知られ、「三蹟」の一人に数えられており、その点はドラマのなかでもくり返しふれられていた。

『光る君へ』には、紫式部以外にも朝廷につとめた多くの女官たちが登場した。そのなかには、日記を残している女性たちも少なくない。『紫式部日記』、『和泉式部日記』、菅原孝《たか》標《すえ》の娘の『更級《さらしな》日記』、藤原道綱《みちつな》の母の『蜻蛉《かげろう》日記』などである。清少納言《せいしょうなごん》の『枕草子』は日記ではないものの、そこには当時の朝廷の姿が描き出されている。

こうした日記が多く残されているために、平安時代のことはかなりわかる。だからこそ、『光る君へ』はリアルな物語として成立したのである。

奈良時代には、まだこうした日記は書かれていなかった。また、『光る君へ』の最終回は紫式部の「嵐が来るわ」で終わり、それは武士の時代の到来を予告するものになっていたが、鎌倉時代の武士たちになると、教養がなく、文字を書く能力が著しく低かったため、日記など残してはいない。そのため、鎌倉時代のほうが歴史としては新しいにもかかわらず、平安時代に比べてわかっていないことが多いのだ。

歴史の虚構性が育むドラマの展開

鎌倉幕府の歴史をつづった『吾妻鏡《あずまかがみ》』などは、京都にいた公家たちの日記を引用したところは正確でも、歴史をつづった部分は虚構の物語になっている。どこが虚構なのかは、最近刊行された藪本勝治《やぶもとかつはる》氏の『吾妻鏡――鎌倉幕府「正史」の虚実』（中公新書）で詳しく解説されている。

もちろん、『光る君へ』もテレビドラマである以上、たんに史実を追っただけではなく、脚本家である大石静《しずか》氏の創作の部分も少なくない。もっとも大胆な設定は、紫式部と道長が幼なじみとされ、恋愛関係になったことである。

しかも、二人の間には子どもが生まれた。紫式部は、ドラマでも描かれたように山城守《やましろのかみ》であった藤原宣孝《のぶたか》と結婚し、一女をもうけているが、それは宣孝の子ではないというのだ。その娘である藤原賢子《かたこ》は大弐三位《だいにのさんみ》と呼ばれる女官、歌人になっている。女房三十六歌仙の一人で、その歌、「有馬山ゐなの笹原風吹けばいでそよ人をわすれやはする」は百人一首におさめられている。

道長には正式な妻がいたわけだから、もし紫式部との間に子をなしていたとしたら、それは「不義の子」ということになる。

そのような架空の設定が生まれたのも、『源氏物語』の主人公である光源氏が、父親である桐壺《きりつぼ》帝の妻となった藤壺《ふじつぼ》と関係を結び、その間にのちの冷泉《れいぜい》帝が生まれているからであろう。大石氏はそれを踏まえ、紫式部にも不義の子を生ませたわけである。

宮中での不義の子の誕生が示唆すること

ドラマのなかの幼少期の賢子と母親の紫式部の関係は、あまり折り合いがよくないものとして描かれていたが、賢子は自分は「光る女君」になると宣言し、最終回には宮中で密会するシーンもあった。

この章で問題にしなければならないのは、宮中で密会が可能だったことである。それは、宮中において不義の子が生まれることに結びつく。賢子が実際に不義の子を生んだかどうかはわからないが、現実の賢子も恋多き女であったらしい。

『源氏物語』は、その全部を紫式部が書いたのかどうかについてはさまざまな形で議論されている。作者は別の人間だという説もあれば、一部は別の作者だという説もある。長大な物語であるだけに、紫式部が全部を書いたわけではないのかもしれない。それぞれの巻の成立や書かれた順番についても議論されている。

ただ、『源氏物語』のなかで、不義の子という存在が重要なものになっているのは間違いない。

自らの出生の秘密に悩まなかった冷泉帝

『源氏物語』の「薄雲」の巻には、冷泉帝が、藤壺の夜居《よい》の僧から自らの出生の秘密を教えられる場面が出てくる。夜居の僧は護持《ごじ》僧とも呼ばれ、天皇や皇后など高貴な人物に仕え、その安寧のために日頃祈禱を行うのである。

70歳に達したその僧侶は、藤壺が37歳で亡くなったこともあり、天変地異が続き、世が乱れるのはそうした出生の秘密を持つ冷泉帝が即位したからだと解釈し、それで重大な秘密を打ち明けたのである。

ここで興味深いのは、冷泉帝が出生の秘密を知って、自分は不義の子であると悩むわけではないことである。冷泉帝が考えたのは、自らは譲位して、本当の父である光源氏に皇位を渡すことだった。実際に冷泉帝はそれを試みるのだが、光源氏は自らの子の申し出を拒み、天皇の位には就かなかった。

光源氏は桐壺帝の子であり、天皇家の血筋につらなっている。だが、臣籍降下しており、それによって源氏の姓を賜った。源氏とは、天皇が姓を与えて臣下に降ろす皇族賜姓《しせい》の代表的なもので、平氏も同様である。その点で、天皇に対しては臣下の立場にある源氏の嫡男、冷泉帝が即位することは、本来ならあり得ない話である。だからこそ譲位しようとしたのであろうが、臣籍降下している光源氏が天皇になることも考えられない。

なぜ光源氏は藤壺と関係を持てたのか

そうした複雑な問題はあるが、ここで問わなければならないのは、ではなぜ光源氏は藤壺と関係を持つことができたのだろうかということである。

それについては「若紫」の巻で語られている。藤壺は病によって宿下がりをしていて、侍女である王命婦《おうみょうぶ》の手引きによってそれが実現したのだ。

これは、宿下がりという偶然の機会を生かしての不義密通ということになる。だが、『光る君へ』を見ていると、そうした機会はいくらでもあったように思えてきた。

藤壺は桐壺帝の「中宮」という設定になっていて、中宮とは天皇の正式な妻であり、皇后である。ただ、天皇には他に「女御」や「更衣」、「典侍」といった女性たちがいた。こうした女性たちは、「七殿五舎《しちでんごしゃ》」という場所で暮らした。そうした殿舎は天皇の住まいや政務を司る建物の北側にあり、それらの建物と渡り廊下で結ばれていた。

この七殿五舎が平安時代の日本の「後宮《こうきゅう》」ということになる。後宮は、皇帝や王がいる国ならどこにでもあるわけだが、日本の後宮と他の国のそれには決定的な違いがあった。

王以外と性的な関係を結ばないための措置

たとえば、中国の後宮で働く者は女官であるが、他に宦官《かんがん》もいた。宦官は去勢した男性のことである。日本にはいなかったが、中国をはじめエジプトやギリシア、ローマ、オスマン帝国やムガル帝国にもいた。宦官の制度はかなりの広がりを見せており、むしろ日本が例外なのである。他の国では、皇帝や王を除き、宦官以外の男性は後宮に立ち入ることができなかった。当然のことに、それは后妃が皇帝や王以外の男性と性的な関係を結ぶことを防止するためだった。

日本でも、江戸時代には「大奥」が存在した。その時代の日本でも宦官は存在しなかったため、大奥に勤めているのは女性ばかりだった。大奥は男子禁制で、将軍以外は立ち入ることができなかった。

日本でも、刑罰として去勢するという、古代中国では宮刑と呼ばれた規定が見られるが、実際にそれが課せられたかどうかははっきりしない。法然の弟子が、宮中の女官と密会し、それによって生殖器を切断される羅切《らせつ》の刑に処せられたともされるが、それは斬首の刑ではなかったかとも言われる。少なくとも日本では、どの時代においても後宮に宦官が入ることはなかった。宦官そのものが存在しなかったからだ。

不義密通が行える場であった日本の宮中

なぜ日本に宦官が存在しなかったのか。それについてはさまざまな説が唱えられており、家畜の去勢を当たり前に行う牧畜民ではなかったからだとも言われる。だが、そもそも日本では男子禁制の後宮を作ろうという発想自体が存在しなかったのではないだろうか。

『光る君へ』で描かれているが、七殿五舎は男子禁制ではなく、男性の公家たちが頻繁に出入りしていた。そこはサロンのような役割を果たしており、社交の場でさえあった。

しかも『光る君へ』では、七殿五舎がいかに開放的な空間であったかということが強調されていた。部屋と部屋を隔てるのは御簾《みす》や几帳《きちょう》だけで、七殿五舎の一つで「藤壺」とも呼ばれた飛香舎《ひぎょうしゃ》へはじめて上がった紫式部は、他の女官たちのいびきに悩まされたりしたのだ。

天皇の后妃はそんな開放的な空間で生活していたわけだから、宿下がりなどしなくても、天皇以外の男性と関係を結ぶことはいくらでもできたはずである。

『光る君へ』の最終回で、宮中で乳母になっていた賢子が、皇子が昼寝をしているすきに、道長と源高明《みなもとのたかあきら》の娘、明子《あきこ》との間に生まれた藤原頼宗《よりむね》を呼び止め、御簾のなかに引き入れる場面が出てきた。頼宗は賢子に対して、他の男性と文を交わしているだろうと指摘するのだが、賢子は「私は光る女君ですもの。それが嫌ならもうお会いしません」と言い、そのまま頼宗を押し倒してしまう。宮中は、不義密通がいくらでも行える場だったのである。

不義の子だとされた陽成天皇の噂が示す事実

実際、不義の子ではないかと噂された天皇がいた。それが第五十七代の陽成《ようぜい》天皇である。陽成天皇は、平安時代前期の公家で歌人の在原業平《なりひら》と第五十六代の清和《せいわ》天皇の女御であった藤原高子《こうし》の間に生まれたのではないかと噂されたのである。

ただこれは、業平を主人公のモデルとした『伊勢物語』がもとになった噂であり、事実であるという証拠はない。しかし『源氏物語』は、この『伊勢物語』の影響を強く受けていると言われる。こうした噂が立ち、『源氏物語』で不義の子としての天皇が描かれたということは、平安時代の朝廷や公家の社会でそうした可能性が認識されていたからであろう。

それも、天皇の后妃が、厳重に管理された後宮に閉じ込められていなかったからである。部屋には鍵などかかっていなかった。鍵自体がなかった。しかもそこには男性が出入りできたのである。

江戸時代の大奥も完全に閉じられた場ではなかった

后妃が天皇以外の男性と関係を結ぶことを防止しようとするなら、江戸時代の大奥のように、後宮には女官だけがいて、天皇以外の男性が出入りできないようにする必要がある。大奥の場合、そこへの入口である「七ツ口」によって、男性の役人が仕事をしている空間とは仕切られていた。

もっとも、大奥には将軍以外の男性で立ち入ることができた者たちもいた。大名家に養子に出た将軍の子どもたちや大奥につとめる奥女中の親戚の子なら、9歳以下であれば入ることができた。

あるいは、老中は、将軍の正妻である御台所《みだいどころ》と面会するために大奥に入ることができた。他にも御殿医や大工、留守居なども、それが可能だった。他の国なら宦官がその役割を果たすことを、男性が担っていたことになる。

その点で、大奥は完全に閉じられた空間ではなかった。まして平安時代の七殿五舎は、大奥以上に開放的だった。なぜ開放的だったのだろうか。それは意図的なものであったと考えなければならなくなってくる。

摂関家が求めた天皇の外戚になる手段

ここまで述べてきたように、古来、皇位をつつがなく継承していくことにはさまざまな困難がつきまとってきた。その対策として、天皇には正式な妻の他に幾人もの側室がいたわけだが、それで必ず跡継ぎが生まれるわりではない。不妊が天皇の側の問題であることだって、いくらでもあったはずだ。

一方、平安時代になると、摂関家である藤原氏が大きな力を持つことになった。その代表が道長ということになるが、藤原氏としては、娘を入内《じゅだい》させ、次の天皇になる皇子を生ませる必要があった。道長がそれに腐心する姿は『光る君へ』でも描かれていた。

道長は、その長女である彰子《しょうし》を入内させたのだが、十年が経過しても一条天皇との間に子が生まれなかった。そこで道長は、懐妊を祈願するために吉野の金峯山に参拝し、当時は効果絶大とされた『法華経《ほけ》』の納経を行った。参拝する途中には岩場もあり、道中は相当に大変だった。しかも事前に徹底して、飲食を慎んで心身を清らかにする精進潔斎《しょうじんけっさい》をする必要があった。

娘を入内させたのに、子が生まれないということは、摂関家にとって困った事態である。天皇の外戚として権力をふるえなくなるからである。懐妊を待ち続けるしかないとも言えるが、なかなか娘が懐妊しない場合、高い能力を持つとされた僧侶に熱心に祈禱もさせたであろう。それでも懐妊に至らなければ、非常手段に訴えることだってあり得たはずだ。

娘の側も、懐妊し、皇子を生んでこそ、その地位は安定する。果たしてそのときに不義は起きなかったであろうか。摂関家の側にとっては、入内した娘が懐妊し、子を生むことが決定的に重要である。その子の父が本当に天皇であるかどうかは二義的なことだったのではないだろうか。

『伊勢物語』や『源氏物語』が物語る皇位継承

もちろん、そうしたことが実際に起こった証拠を見出すことはできない。だが、不義を防ぐ体制がまったく作り上げられていなかったことも事実である。そして、『伊勢物語』や『源氏物語』は、その可能性を示唆している。

天皇の側にとっても、たとえ実子ではなかったとしても皇位を継承する皇子が生まれることが何よりも好ましい。その点で、天皇の側の利害と摂関家の利害は一致していた。

実際に、皇子が天皇の本当の子どもであるかどうかは確かめようがない。当時はＤＮＡ

鑑定などなかった。重要なのは、天皇の妻や側室となった女性が生んだ皇子であるという点であった。

もし、七殿五舎が完全に閉ざされ、男子禁制が徹底して守られたとしたら、不義は起こり得ない。だがそうなると、皇位の継承に支障をきたすかもしれないのだ。

その点で、極めて開放的だった七殿五舎のあり方は巧みなものだったと見ることができる。光源氏の不義の子である冷泉帝が、出生の秘密を明かされて、大きな動揺を示さなかったように描かれているのも、それが関係するのではないか。そもそも不義の子としての天皇を描く『源氏物語』が朝廷と公家の社会で好んで読まれたのは、先述のように、不義の子が皇位を継承することを許容する空気が存在したからではないだろうか。

無防備な平安期の宮中が示す倫理観

江戸時代に大奥が生まれたのは、徳川幕府が儒学を公式な学問として採用し、儒教倫理が広まったからである。平安時代には、すでに儒教は取り入れられてはいたものの、その倫理に当時の人たちはまだ縛られていなかった。しかも大奥でさえ、完全な男子禁制の世界ではなかったのである。

平安時代の日本に、皇位継承は男系男子によって行われるべきであり、他の血が絶対に混じってはならないという考え方があったとしたら、他の国の後宮のようにそれを閉ざし、宦官の制度を取り入れたことだろう。日本は中国と交流があり、さまざまな文物を取り入れてきたのだから、中国の後宮に宦官がいることは認識していたはずだ。

後宮を閉ざされたものにせず、宦官を用いない場合、必ずや不義密通が起こる。日本の無防備な宮中において、そうしたことがまったく起こらなかったなどということは考えられない。そんなことが可能であれば、他の国の後宮のあり方など不要だったはずである。

男系男子での皇位継承はフィクションである

なぜ七殿五舎は無防備なままであったのか。

それは、摂関家の藤原氏にとって、その娘が子を生んだということさえ確かであれば、その父が誰かは問題にならなかったからである。懐妊すれば、そのことは周囲にわかる。入内した藤原氏の娘が生んだ子であるという事実があれば、それでよかったのである。

こうしたことが行われる可能性は今のところまったく考えられないが、天皇陵《りょう》に葬られた歴代の天皇の遺骨を掘り起こしＤＮＡ鑑定を行えば、血縁がないにもかかわらず皇位継承がなされた証拠が発見されるはずである。すべての代についてつながりがあったとしたら、それは奇跡以外のなにものでもないであろう。

皇位が男系男子によってのみ継承されるべきという考え方は、明治になって打ち出されたものである。その背景には、儒教にもとづく「男尊女卑」の考え方があった。

天皇は男系男子でなければならないというこだわりを持つ保守派の面々は、古典である『源氏物語』を読み、ドラマである『光る君へ』を見てみたらどうだろうか。

男系男子での皇位継承は、フィクションである。むしろフィクションであるからこそ、それが伝統になってきたのだ。『光る君へ』から学べることは少なくないのである。

第五章

天皇家に生まれた女性の栄光と悲劇

～内親王の生涯は幸福なのか

皇室典範改正を消滅させた平成のスクープ

天皇家であろうと、皇族の家であろうと、その家に子どもが生まれれば世間の大きな注目を浴びる。愛子内親王も悠仁親王も、それは同じだった。

悠仁親王が誕生したのは2006（平成18）年9月6日のことだった。そのすぐ上の佳子内親王が生まれたのが1994（平成6）年12月29日のことだから、十一年以上秋篠宮家には子どもが生まれなかったことになる。

その間、天皇家には2001（平成13）年12月1日、愛子内親王が生まれていた。しかし、他の宮家にも秋篠宮の後、男子が生まれなかったため、皇位継承の資格があるのは現在の天皇と秋篠宮、それからその当時の天皇、今の上皇の弟である常陸宮しかいない状況が生まれた。つまり、秋篠宮が皇位継承の可能性があるもっとも若い男性になってしまったのだ。

そこで、小泉純一郎第二次改造内閣において、2004（平成16）年12月27日「皇室典範に関する有識者会議」が組織され、翌年11月には、報告書がまとめられた。そこでは、女性天皇・女系天皇を容認する方向性が示され、それにもとづいて政府は皇室典範改正案の法案化に着手しようとした。それしか選択肢がなくなってしまったのだ。

ところが、２００６年2月7日、紀子皇嗣妃の懐妊がスクープされた。それによって改正案の国会提出は見送られた。その後、悠仁親王が誕生したことで、政府が女性天皇・女系天皇を容認する方向に動き出すことはなくなった。

もし悠仁親王が生まれていなければ、あるいは、生まれたのが内親王であったなら、皇室典範が改正されていた可能性は極めて高い。女性天皇は過去に何人も現れているが、女系天皇となると事情は異なる。それまでの原則が大きく変わることになるからである。

それほど、皇室にとって男子の誕生は重要なことになるわけだが、女子の誕生となると、必ずしも歓迎されるわけではない。

内親王の生涯は果たして幸福なのか

たとえば、第六十七代の三条天皇には藤原道長の次女、妍子《きよこ》が入内し、第二皇女として禔子《しし》内親王が生まれた。前の章でふれた藤原実資の『小右記』には、その際に道長が「悦ばざる気色、甚だ露はなり」であったと記されている。道長は孫が生まれたにもかかわらず、悦ぶそぶりを見せなかったのだ。実資は、「女を産まし め給ふに依るか」と、男子ではなく女子が生まれたことにその原因を求めている。

道長のような摂関家の立場からすれば、自らの家に女子が生まれることは好ましい。しかし、そうした女子が入内して天皇との間に女子をもうけたとしても、将来皇位を継承するわけではないので悦ばしくはないというわけである。

それもあり、実際、内親王の生涯というものが果たして幸福なものなのかどうかは、かなり疑わしいところがある。

たとえば、愛子内親王が卒業論文で取り上げた式子内親王の場合である。

式子内親王は1149（久安5）年の生まれで、1159（平治元）年に内親王の宣下を受け、「斎院《さいいん》」に卜定《ぼくじょう》されている。斎院というのは、賀茂社（現在の上賀茂神社と下鴨神社）に奉仕する皇女のことであり、卜定とは占いの結果定まったということである。

十年して斎院を退いてからは、母の実家や父である後白河院（第七十七代の後白河天皇）のもとに身を寄せるが、叔母を呪詛《じゅそ》した疑いをかけられ、式子内親王は出家している。その後も、事件に巻き込まれて洛外に追放される危機に見舞われる。そして、1201（建仁元）年に52歳で亡くなっている。

恋の歌を多く詠んでおり、歌人として名高い藤原定家《さだいえ》と恋愛関係にあったのではないかとも言われるが、その点ははっきりしない。少なくとも、式子内親王が生涯独身であったことは確かである。それは、他の内親王についても言えることである。

伊勢神宮の斎王となる内親王の道

たとえば、式子内親王の父である後白河天皇には、他に五人の皇女がいたが、皆、生涯結婚することはなかった。なかには、第一皇女の亮子《りょうし》内親王のように、第八十一代の安徳《あんとく》天皇の准母《じゅんぼ》（生母ではない代わりの母）になったり、第六皇女の覲子《きんし》内親王のように、親王や関白家の娘を養子にとったりした場合もあるが、独身であったことに変わりはない。

では、結婚せずに何をしたかといえば、多くは伊勢神宮の「斎王《さいおう》」となっている。亮子内親王もそうなのだが、第二皇女の好子《こうし》内親王、第四皇女の休子《きゅうし》内親王、第五皇女の惇子《じゅんし》内親王も斎王となっている。斎王は、賀茂社の斎院と同様に、伊勢神宮に奉仕する役割を担う。やはり卜定によるもので、斎王になれば、現在の三重県多気郡明和町にある斎宮《さいくう》に赴かなければならない。斎宮は伊勢神宮からおよそ二十キロメートルの距離にある。

多くの内親王が斎王となったのは、天皇が亡くなったり、譲位したりすると、斎王を退く決まりになっていたからである。斎王自身が亡くなったり、近親者が亡くなったりしても同じだった。

斎王を退くことは「退下《たいげ》」と呼ばれるが、退下後の内親王がどのような生涯を送ったかは定かではないことが多い。それも、結婚することが稀で、生涯未婚を貫くことになったからだと考えられる。

斎王の制度は第四十代の天武《てんむ》天皇によって定められ、最初の斎王として673（天武天皇2）年に斎宮に赴いたのが、その皇女、大来皇女《おおくのひめみこ》であった。最後の斎王となったのは、第九十六代の後醍醐《ごだいご》天皇の皇女祥子《しょうし》内親王で、その退下は1334（建武元）年のことだった。その後、建武の新政崩壊後に制度はなくなるが、この制度は六百五十年ほど続いたことになる。

『日本書紀』に記された伊勢神宮成立の経緯

ではなぜ、斎王の制度が設けられたのだろうか。

伊勢神宮の内宮は、正式には皇大神宮と呼ばれ、そこには天皇家の祖神である天照大神が祀られている。

ところが、これは多くの方たちが認識していないことかもしれないが、代々の天皇は明治時代になるまで、誰一人として伊勢神宮に参拝することはなかった。第一回の式年遷宮《しきねんせんぐう》は持統《じとう》天皇の時代に行われたとされ、その直後に天皇は伊勢に行幸している。だが、その際に天皇が伊勢神宮に立ち寄った形跡はない。それ以降、明治に時代が変わり、即位したばかりの明治天皇が伊勢神宮に参拝するまで、代々の天皇は伊勢神宮に参拝していないのだ。

なぜそうした事態が続いたのか、はっきりとした理由は説明されていない。だが、『日本書紀』に記された伊勢神宮成立の経緯を見ると、はじめ宮中に地元の地主神とともに祀られていた天照大神が疫病を引き起こしたため、天皇から引き離され、遠く伊勢の地に祀られるようになったと述べられている。天皇が天照大神に近づくと災いが起こる。古代の人々には、そうした思いがあったものと推測される。その代わりに、内親王や女王が斎王と定められ、伊勢神宮に奉仕することとなったのだ。

古代から中世における斎院や斎王の政治性

かつて斎宮があった場所には斎宮跡があり、現在では国の史跡となっている。十分の一のスケールで当時の斎宮の様子が復元されており、斎宮歴史博物館も設けられている。博物館では、斎王が都から伊勢に赴くまでの「群行《ぐんこう》」と呼ばれる旅の再現ドラマが映像として上映されている。

私も斎宮跡を訪れたことがある。復元された斎宮の建物や博物館の展示を見ていると、そこでは斎王を中心に都の宮中に近い華麗な生活が展開されていたように感じられた。斎王が退下後も独身を守り通したことからすると、伊勢の神に対する人身御供的な性格があったのではないかとも思われるが、その分、都と同じ暮らしができるような体制が作られていたようである。

第二章でふれたように、皇位継承の可能性が低い男性の親王は出家し、法親王となって仏教界で高い地位を得ることになった。一方で、女性の内親王や女王には斎院や斎王としての役割が与えられた。そうした制度が存続していた古代から中世においては、宗教は政治と密接に結びついていた。そうした体制を支える上で、法親王もそうだが、斎院や斎王は極めて重要な存在だったのである。

斎王より長く続く祭主の伝統

賀茂社の斎院の制度も鎌倉時代のはじめに終焉《しゅうえん》を迎える。その後、伊勢神宮の斎王の制度もなくなる。だが、そうした伝統は今日まで受け継がれている面があり、そこでは元内親王が重要な役割を果たしているのである。

現在の伊勢神宮には「祭主」という役職が存在している。これは、伊勢神宮にだけある特別な神職のことをさしている。

古代には「神祇官《じんぎかん》」と呼ばれる役所が設けられ、朝廷の祭祀を司っていた。その時代の祭主は都にある神祇官に属し、伊勢神宮の長官の役割を果たしていた。

当初の段階では、祭祀を司る豪族である中臣《なかとみ》氏が代々の祭主をつとめていた。摂政・関白を独占し、政治を担っていくことになる藤原氏は、もともと中臣氏であった。藤原氏の祖である鎌足《かまたり》は中臣鎌足と称していた。そのため、やがて藤原氏が祭主をつとめるようになった。

伊勢神宮では、毎年2月の祈年祭、6月と12月の月次祭、10月の神嘗祭《かんなめ》が大祭となっており、祭主はそのたびに奉幣使《ほうへいし》として赴き、祝詞《のりと》を奏上した。

一方女性の斎王のほうは、普段は斎宮で心身の穢《けが》れを除く物忌みの日々を送っており、二度の月次祭と神嘗祭には禊《みそぎ》を行った上で伊勢神宮に赴き奉仕した。ただ、斎王は太玉串《ふとたまぐし》を捧げるだけで、特別な神事は行っていない。西宮秀紀《にしみやひでき》氏は『伊勢神宮と斎宮』(岩波新書)のなかで、「天皇に近い女性皇族として、天照大神の宮内で祭祀の中心に存在することが重要であったのであろう」と、その理由について述べている。

祭主の伝統のほうは、斎王よりも長く、現在まで続いている。明治に時代が変わると、当初は華族、やがては皇族がその役割を担うようになる。ただ、皇族とはいっても、内親王や女王ではなく、男性の親王や王だった。

戦後の政教分離による祭主の変化

ところが戦後になると、伊勢神宮のあり方は大きく変わる。戦前においては、伊勢神宮は国が財政的な援助を行い、神職を選任し、俸給も国から与えていた。それが、国家の手を離れ、神社も宗教としての扱いを受けることになったため、伊勢神宮も民間の宗教法人「神宮」となったのだ。

華族の制度も廃止され、現役の皇族が祭主をつとめることは、日本国憲法が定める政教分離の原則に反することとなった。そのために、結婚して皇族から離れた女性が祭主の任にあたるようになっていく。

戦後最初の祭主になったのは北白川房子《きたしらかわふさこ》氏であった。彼女は明治天皇の第七皇女で、北白川宮成久王《なるひさおう》と結婚していた。ただ、成久王は1923（大正12）年にフランスに滞在中、自ら運転する自動車で衝突事故を起こし、亡くなってしまった。房子氏も同乗していたため、大怪我を負い、以降は足が不自由になってしまった。それでも、祭主をつとめたのだ。

房子氏の跡を継いだのが昭和天皇の第三皇女であった鷹司和子《たかつかさかずこ》氏である。和子氏は、五摂家の一つである鷹司家の当主であった鷹司平通《としみち》氏と結婚していた。和子氏は最初、房子氏にかわる臨時祭主となり、1974（昭和49）年に正式に祭主になっている。

和子氏の跡を継いで1988（同63）年から祭主となったのが、昭和天皇の第四皇女であった池田厚子《あつこ》氏であった。厚子氏は和子氏同様、皇籍を離脱する前は内親王であり、和子氏の妹であった。

現代の祭主の重要な役割としては、二十年に一度行われる「式年遷宮」を斎行することがあげられる。厚子氏は、前回の2013年の第六十二回式年遷宮を斎行している。

ただ、その時点で厚子氏はすでに82歳になっており、彼女にとっては姪にあたる黒田清子氏が、2012（平成24）年にその補佐役ということで臨時祭主に就任した。厚子氏は2017（同29）年に退任し、清子氏が正式な祭主に就任している。

これは、和子氏が臨時祭主となったときの経緯と共通する。臨時祭主となった1973（昭和48）年に第六十回の式年遷宮が行われた。房子氏は、その時点で80歳を超えていて、翌1974年には亡くなっている。祭主をつとめられる状況にはなかった。

伊勢神宮の祭主の伝統は、直接には斎王に遡るわけではない。だが、戦後、元皇族の女性が祭主に就任し、新たな伝統が作られるようになったのは、やはりかつて内親王や女王が斎王となって伊勢神宮に仕えていたからだろう。

神社本庁の総裁という元皇族の新たな任

さらに、戦後の新たな伝統としては、伊勢神宮の祭主となった元皇族の女性たちが、神社本庁の総裁になるようになった。

神社本庁は戦後に生まれた民間の宗教法人で、その傘下に、日本全国にある多くの神社が属している。神社本庁の前身は、戦前にあった神祇院である。神祇院は国の機関で、内務省の外局だった。その役割は、伊勢神宮をはじめ、国とかかわりが深い官国幣社にかかわる事柄を司ることにあった。

GHQ（連合国最高司令官総司令部）による占領下においては、「神道《しんとう》指令」が発せられ、それによって神祇院は解散させられた。そこで神社本庁が設立されることになったのだが、その特徴は伊勢神宮を「本宗」と位置づけたことにある。本宗は、従来の日本語にはなかった神社本庁特有の用語であり、皇室の祖先神である天照大神を祀る伊勢神宮を神社界の中心に位置づけようとしたものと解釈できる。

伊勢神宮の神札は「神宮大麻《じんぐうたいま》」である。神社本庁傘下の神社では、自分の神社の神札とともに、ほとんどが神宮大麻の頒布《はんぷ》を行っている。その売り上げは伊勢神宮におさめられ、それは伊勢神宮を日常的に管理する費用になるとともに、式年遷宮を挙行する費用として用いられる。このように、伊勢神宮と神社本庁は密接な関係を有しているわけである。

多くの人は、内親王が一般人の男性と結婚して皇籍を離脱すれば、元皇族としての特別な役割は果たさなくなると考えているかもしれない。だが、皇室と密接に関係する伊勢神宮や神社本庁において、祭主となり、また総裁となり、極めて重要な存在であり続けてきたのである。

伊勢神宮の祭主が交替する事情

神社本庁の総裁は完全な名誉職で、その下には統理と総長がいる。統理には元華族が就任することがほとんどで、半分は名誉職でもあるが、総長の指名といった役割もあり、評議会にも出席する。

ここで一つ注目しなければならないのが、伊勢神宮の祭主が交替する事情についてである。

式年遷宮では、社殿が一新される前に、まずは内宮へ参拝するための宇治橋がかけかえられる。厚子氏は、２００９（平成21）年の宇治橋渡始式には祭主として臨んでいる。けれども、すでにその時点で78歳だった。しかも、式年遷宮の前年、２０１２年には夫と死別している。彼女は、旧岡山藩の藩主だった池田家第十六代の当主、池田隆政《たかまさ》氏と結婚していた。

神道には、死の穢れを嫌うという伝統がある。現代ではその是非が問われることにもなるが、式年遷宮を営むにあたっては、とくにそれを避けることがもっとも重要な事柄になってくる。

これは、伊勢神宮に神職として奉職していた方から直接うかがった話である。伊勢神宮では、次の遷宮の作業がはじまる段階で、作業が完了する時点で万全の健康状態で臨めないと思われる神職は、その職を辞することになっているというのである。

長丁場の式年遷宮の儀式における危惧

2025年の5月には、第六十三回の式年遷宮の最初の儀式である山口祭が営まれる。次の式年遷宮は2033年に挙行される予定になっている。最初の儀式から、もっとも重要な遷御《せんぎょ》の儀式が行われるまでは八年の歳月を要する。しかも、その時点では内宮と外宮、そして荒祭宮の社殿がたてかえられるだけで、他の社殿の遷宮は終わっていない。それが終わるまでにはさらにおよそ十年の歳月が必要である。式年遷宮の作業は相当な長丁場なのである。

私が話を聞いた神職の方は、健康に不安があったため、職を退いたという。面白いと思ったのは、その方が泉涌寺《せんにゅうじ》に移ったことである。泉涌寺は皇室の菩提寺で、なんと神職から僧侶に転出したのだ。

清子氏は2025年4月に56歳になるが、年齢的にはまだ若い。2033年の式年遷宮のときでも64歳である。その点では、無事に祭主をつとめられる可能性は高い。

しかし、その保証がないことも事実である。何らかの病や事故により万全の態勢で臨めないこともある。となれば、臨時祭主をつとめられる人物が控えていることが必要になる。もし、そうした人物がいなければ、式年遷宮の実施に支障をきたすかもしれない。

これも伊勢神宮の元神職の方が言っていたことだが、式年遷宮の儀式が行われるなかで、天皇からつかわされた勅使《ちょくし》が急に具合が悪くなる出来事が起こったという。もしものことがあれば、式年遷宮に差し障りがあったかもしれない。幸い、着物を緩めたら回復したということだが、伊勢神宮には相当な緊張が走ったようだ。

伊勢神宮の次代の祭主は誰になるのか

では、清子氏の次は誰が祭主になるのだろうか。あるいは、誰が祭主を補佐する役割を果たすことになるのだろうか。

伊勢神宮が皇室と深い縁で結ばれており、皇族が折にふれて参拝に訪れている現状からすれば、愛子内親王や佳子内親王、あるいは三笠宮の彬子《あきこ》女王や瑶子《ようこ》女王、高円宮《たかまどのみや》の承子《つぐこ》女王などが適任と思われるかもしれない。

しかし現在では、先にも述べたように、政教分離の原則が強調されるようになっている。現役の皇族が、民間の一宗教法人となった伊勢神宮の祭主をつとめることは困難である。終戦直後には伊勢神宮を当時の宮内省(現在の宮内庁)の管轄下におく構想が打ち出されたが、それは実現しなかった。宮内庁と今の伊勢神宮とは直接には関係していない。

となると、皇族の身分を離れた内親王や女王が候補として浮上する。元内親王だと眞子氏しかいない。元女王になると、高円宮の典子《のりこ》氏と絢子《あやこ》氏の姉妹がいる。

典子氏は、出雲国造《いずものこくそう》である千家《せんげ》家に嫁いでいる。神道の家ということでは伊勢神宮に関係する。ところが、明治時代に国が設けた神道事務局に出雲大社の祭神、大国主大神《おおくにぬしのみこと》を祀るかどうかで神社界を二分する大論争が起こったことがあった。そうしたことを考えても、典子氏が伊勢神宮の祭主をつとめるのは難しいだろう。

となると、絢子氏になる。彼女の夫は民間人であり、その点で、祭主に就任することに格別の差し障りは出てこない。

けれども、元女王であり、元内親王よりも天皇との血縁上の距離は遠い。清子氏が二親等であるのに対して、絢子氏になると天皇とは六親等離れている。民法では六親等内の血族が親族と定められているが、ぎりぎりである。

神社界の痛手となった眞子氏の結婚

その点では、本来、眞子氏が、将来における伊勢神宮の祭主に適任だった。あるいは、神社本庁の総裁に将来就任してもおかしくはないはずなのである。

ところが、眞子氏が結婚するまでの経緯は複雑で、皇室との縁を切ったような形になってしまった。しかも結婚後、アメリカに行ってしまい、現在もアメリカで生活している。実家である秋篠宮家と、現在どういう形で交流しているのかは、外部からはわからない。ただ、アメリカに行ってからは、一度も帰国していない。伊勢神宮の祭主や神社本庁の総裁に就任することは考えにくい。

そうなれば、愛子内親王や佳子内親王が結婚し、皇室を離れた場合ということになる。これまで、どちらの地位も元内親王がつとめてきたことからすれば、二人は適任である。ただ、今のところ、二人に結婚の話は出ていない。佳子内親王は、皇室を離れることを強く希望しているとも言われるが、30歳になった今も独身である。

現在、国会の論議は、女性宮家の創設を認める方向にむかっている。もし、現在の内親王や女王が女性宮家として皇室にとどまったら、伊勢神宮の祭主や神社本庁の総裁になる道は閉ざされることになる。

伊勢神宮や神社本庁は民間の宗教法人であり、そのことについて国が何かを言うことはできない。そこにも、政教分離の原則が立ちはだかるからである。

しかし、眞子氏が日本から去ってしまい、帰国の可能性が低くなってしまったことは、日本の神社界にとって大きな痛手である。

もちろん、皇族の女性以外が伊勢神宮の祭主となり、神社本庁の総裁になることはできる。どちらの組織においても、それを排除する規定を設けているわけではない。

しかし、元内親王や元女王が就任しなければ、二つの組織の権威は失われることになるかもしれないのである。

第六章

国連の勧告と皇室典範の改正

～海外から見た天皇制

国連による初の皇室典範改正勧告

第一章でふれたように、愛子天皇待望論は最近になってかなりの高まりを見せている。そんななか、そうした動きをさらに促進させる援軍が、思わぬ形で到来することとなった。その援軍とは国連のことである。

2024年10月29日、国連の女性差別撤廃委員会は日本政府に対する勧告を含めた最終見解を公表した。そこでは、夫婦が希望すれば結婚前の姓を名乗ることができる「選択的夫婦別姓」を可能にするよう民法改正を進めることが勧告されていた。国連が選択的夫婦別姓導入のための民法改正を勧告するのは、これが四回目である。

それとともに、皇位継承における男女平等を保障するため、皇位は男系男子が継承すると定めた皇室典範を改正することも勧告されていた。

現在の皇室典範では、たしかに第一条で「皇位は、皇統に属する男系の男子が、これを継承する」と規定されており、女性や女系は排除されている。この規定が女性差別にあたるというのである。

皇位継承のことについて勧告がなされたのは、これが初めてになる。だが、前回の

2016（平成28）年の勧告でも、そのことを盛り込もうとする動きがあった。けれども、そのときは日本政府が抗議することで、それは削除された。しかし、今回は勧告に含まれることとなったのだ。

国連勧告に反論する声明の根拠

これに対して、林芳正《よしまさ》官房長官は同月30日の記者会見で、勧告において「皇位継承にかかる記述がされたことは大変遺憾だ」と述べ、同委員会に強く抗議し、削除を申し入れたことを明らかにした。

政府は勧告が出る前にも、同委員会において、皇室の問題をそうした形で取り上げることは適切ではないと反論していた。

また、「皇統を守る国民連合の会」の会長である葛城奈海《かつらぎなみ》氏は、同委員会でスピーチを行い、「天皇は祭祀王だ。ローマ教皇やイスラムの聖職者、チベット仏教最高指導者のダライ・ラマ法王は皆男性なのに、国連はこれを女性差別だとは言わない。なぜ日本にだけそのように言うのか」と発言した。この会は任意団体で、女性・女系天皇容認論に強く反対し、戦後に皇籍離脱した十一宮家の皇族復帰を求めている。

勧告は法的拘束力を持つものではないので、ただちに日本の国会が皇室典範の改正を行う必要はない。だがその方向にむかわなければ、同委員会は次の機会にも同じ勧告を行うはずである。それは一定の圧力になる。

勧告が出た後、葛城氏は産経新聞の取材に対して「毅然と『国家の基本』を継承していく姿勢を貫くべき。勧告はスルーして構わない」と、勧告を敢然と無視すべきだとしている。

ただし、彼女の反論については、それが有効なものなのかどうか、それには大きな疑問を抱かざるを得ない。

葛城氏は、ローマ教皇やダライ・ラマ法王のことを反論の材料にあげている。たしかに、ローマ教皇はこれまですべて男性である。しかもカトリック教会では、女性が神父になることも認めていない。それはプロテスタントとの決定的な違いで、プロテスタントでは女性の牧師がいくらでもいる。

ダライ・ラマは現在で十四世になるが、こちらもすべて男性である。チベット仏教に尼僧はいるが、女性がその最高位につくことはない。

その点で、葛城氏の反論はもっともなものに思えるかもしれない。けれども、国連の委員会が、この二つのケースを女性差別の実例として問題視することは考えられない。というよりも、そもそも制度的にあり得ないことなのだ。

日本の皇室も世界の王室の一つに他ならない

勧告の対象となるのは、「女性差別撤廃条約」を批准《ひじゅん》している国連の加盟国に限られる。日本はその対象になっている。けれども、ローマ教皇の居住するバチカン市国は、そもそも国連の非加盟国である。常任のオブザーバーの地位にはあるが、投票権は認められていない。それに、カトリック教会は世界に広がった宗教組織であり、国連と直接関係を持っているわけではない。

ダライ・ラマは、かつてはチベット政府の元首であった。1956（昭和31）年からはじまり59（同34）年に頂点に達したチベット動乱の結果、ダライ・ラマ十四世はチベットから去ることになり、元首ではなくなった。インドに亡命し、そこで亡命政権を作ったもものの、チベット亡命政権は国連に加盟しているわけではない。

したがって、国連の委員会がローマ教皇やダライ・ラマが男性ばかりである点をとらえて、それを女性差別としてその是正を勧告することは、そもそもあり得ない。果たして葛城氏は、その点を理解しているのだろうか。

日本の天皇をローマ教皇やダライ・ラマと並べて論じることは、葛城氏が、それを宗教の問題として扱っているという印象を他の国に対して与える可能性がある。祭祀王ということばを持ち出したことも、その印象を強めることになる。

ところが国連は、それをあくまでそれぞれの国の政治の問題として扱っているのであり、そこにはどうしてもズレが生じてくる。それは、複数の委員から「国連は他の王室がある国にも言ってきたので、日本にも言っているだけ」という声があがったところに示されている。日本人は、皇室を王室とは異なるものとしてとらえているのかもしれないが、外側から見れば、皇室も王室の一つにほかならない。特別なものではないのだ。

宗教団体には介入しない政治組織としての国連

ヨーロッパの王室でも、かつては男性しか国王になれないところが多かった。ところが、第二次世界大戦後、男女同権の考え方が広まることで、男女を問わず第一子が王位を継ぐ「長子相続制」をとる国が増えてきた。今なお女性の王位継承を認めないのはリヒテンシュタイン公国だけになった（朝日新聞２０２４年10月30日付）。国連の委員の念頭には、こうしたことがあるわけである。

それにカトリック教会もチベット仏教も、そしてイスラム教も宗教である。カトリック教会は世界組織で、信者数はおよそ十二億人と推定されている。いくら組織の規模が大きくても、カトリック教会は民間の団体である。それは、チベット仏教についても言える。そうした宗教団体に対して、国連という政治組織が介入することは、近代社会で確立された政教分離の原則に反することになってしまう。イスラム教になれば、基本的に組織となっていない。

そうした点で、葛城氏の国連に対する批判は的を射たものにはなっておらず、かえって日本側の認識の誤りを露呈する形になってしまった。日本政府の反論も、国連の勧告を軽視するものとしてしか、他の加盟国には受け取られないのではないだろうか。

女性宮家創設で生まれる新たな女性差別

しかも、次の国連による勧告が、より厳しいものになる可能性がある。

これまでも述べてきたように、現在、皇族の確保のために模索されているのが女性宮家の創設である。国会においては、それが各政党間で合意できる案だとされている。

女性宮家の創設は、女性も宮家の当主になれるという点では、女性差別の解消に一歩前進したように受け取られるかもしれない。ただそこで問題になってくるのが、宮家となった皇族女性と結婚した配偶者や、その間に生まれた子どもの扱いである。

現在までの議論においては、女性宮家の配偶者や子どもは皇族としないという案が有力である。仮に愛子内親王が結婚した後、女性宮家に皇族として残っても、その夫や子どもは皇族ではなく、一般国民にとどまるというわけである。

となると、男性宮家の妻や子どもとの間に格差が生まれる。男性宮家の妻や子どもは、そのまま皇族になるからである。実際、美智子上皇后や雅子皇后は民間から皇族になり、その子どもは男女を問わず自動的に皇族になった。

女性宮家の夫や子どもを皇族としないことは、新たな女性差別ではないのか。国連の委員会はそれを問題にするに違いない。そうなったとき、勧告はさらに厳しいものになることが予想されるのだ。

そうなれば、政府も勧告に対して反論することが今以上に難しくなっていく。そもそも、皇統を男系男子に限定した明治以降の考え方は、家父長制を基盤においており、現代の感覚からすれば完全に時代遅れのものなのだ。そこに、この議論にかんして伝統というものを持ち出すことの難しさがある。

旧皇室典範から皇室典範への戦後の改正

戦前の旧皇室典範は、皇室にのみかかわる「家憲《かけん》」とされ、官報にも掲載されず、発表も非公式のものであった。その一方で「典憲《てんけん》」ということばがあり、同じときに制定された大日本帝国憲法と同格と見なされた。したがって、皇室典範は帝国議会によって改正ができないものであった。

戦後になると、大日本帝国憲法を改正する形で日本国憲法が制定されたことにともない、皇室典範も改正された。その際に、皇室典範も一般の法律と同じものとなった。つまり、天皇家の家憲ではなくなり、国会の議決によって改正できるものとなったのだ。ただ、皇室典範という名称は残された。この名称からは、一般の法律とは異なるものであるという印象を受ける。本来なら、戦後に今の皇室典範が生まれたとき、「皇室法」と改称すべきだった。そうなっていれば、いつでも改正が可能な法律のイメージが生まれていたことだろう。

政府は、国連人権高等弁務官事務所への拠出金の使途から、国連女性差別撤廃委員会を外すという形で勧告に抗議する姿勢を示した。そうした手段をとることで、勧告が今後くり返されることに抵抗しようとしているわけだが、それは戦後の日本が国連を重視してきたことに反する方針である。果たして政府のやり方は、国際社会に受け入れられるのだろうか。しかも、女性宮家の創設はさらに問題を複雑化させる可能性を秘めている。そうなると、女性宮家の創設ではなく、女性・女系天皇の容認を求める声が今以上に高まっていくかもしれない。

選択的夫婦別姓制度に見る皇室の立場

ここでは、国連がもう一つ問題にした選択的夫婦別姓制度のことについても取り上げてみたい。というのも、このことは皇室とも深く結びついているからである。

国内では、選択的夫婦別姓制度の確立を求める声は日増しに高まっている。経団連（日本経済団体連合会）でさえ、現在広く行われるようになった旧姓の通称使用は「企業にとっても、ビジネス上のリスクとなり得る事象であり、企業経営の視点からも無視できない重大な課題」であるとし、２０２４年６月、選択的夫婦別姓制度の早期実現を政府に対して提言している。

各種の世論調査によれば、選択的夫婦別姓制度実現に対して賛成が反対を上回っており、最近になればなるほど賛成の割合は増えている。

だが一方で、この制度の導入に反対する声も根強い。夫婦別姓になると、家族の結束が損なわれるというのである。

こうした状況が生まれているなかで、それとはまったく無関係な立場におかれているのが皇室の人々である。なにしろ皇族には、そもそも「姓」がないからである。それは古来の伝統となっている。

愛子内親王の場合、名前は愛子で、称号は敬宮である。皇族には「お印」というものがあり、それは身の回りの品に用いるシンボルになるが、愛子内親王のお印はゴヨウツツジである。

愛子内親王の母である雅子皇后は、旧姓は小和田《おわだ》雅子と、もともとは姓があったわけだが、現在では雅子が名前で、お印はハマナスである。皇后という立場から称号はない。

なぜ皇族には姓がないのだろうか。

簡単に言ってしまえば、それは天皇が姓や苗字を授ける側だからである。一般の国民が皆苗字を持つようになったのは、１８７１（明治４）年に戸籍法が制定されてからである。江戸時代になると、庶民でも家が重要なものとなり、「屋号」が用いられるようになるが、苗字はなかった。

こうした姓名、苗字にかんする制度というのは複雑で、時代によっても大きく変わってきたのでその説明は難しいが、古来、天皇は臣下に対して姓を与える立場にあったのだ。

天皇から姓を与えられた源氏と藤原氏

それは「臣籍降下」という場面において、もっとも明確になる。

そこには皇位継承者を確保するという問題もからんでくるのだが、すでに述べたように、天皇に多くの皇子がいると、皇位継承をめぐって争いが起こる可能性が増大する。

そこで、皇位継承の可能性が低い皇子は、第二章でも述べたように出家して仏門に入ることにもなるのだが、もう一つの手段が臣籍降下である。それによって皇族の身分を離れ、天皇の臣下になるので、それまでなかった姓を天皇から与えられることになる。

臣籍降下した人間に与えられた姓の代表が、すでに述べたように源氏である。それは、平安時代の第五十二代嵯峨《さが》天皇のときからはじまる。その際に源の姓を与えられた者は「嵯峨源氏」と呼ばれた。

第四章でNHKの大河ドラマ『光る君へ』についてふれたが、このドラマの主役が藤原道長であったため、藤原氏の人物が多数登場した。もう一人の主役である紫式部も、藤原氏のなかでは傍系であるが、父は藤原為時を名乗っていた。藤原氏という姓も、中臣鎌足が天智《てんじ》天皇から授けられたものだった。

『光る君へ』ではあまりに藤原氏の人物が多いので区別するのが難しかったが、なかには源姓の人物も登場した。道長の正式な妻となった倫子《ともこ》は、左大臣となった源雅信《まさのぶ》の娘だった。また、道長の側室となった明子の父も、醍醐《だいご》天皇の皇子で左大臣となった源高明であった。

天皇にも皇族にも姓がないことによる影響

天皇よりも権威のある存在はいない。したがって、天皇が誰かから姓を授けられることはない。だからこそ天皇には姓はなく、皇族にも姓がないのである。

現代の社会においては、女性の皇族が結婚し、皇室を離れた場合、戸籍ができる。皇族には戸籍がなく、皇族だけの「皇統譜《こうとうふ》」がある。戸籍ができれば住民票もでき、国民健康保険にも加入できる。

ただ、姓については夫のものを名乗るしかない。一般の国民なら、夫の姓ではなく妻の姓を名乗ることもできるが、旧姓が存在しない皇族はそれができず、したがって選択的夫婦別姓制度の恩恵を受けることはあり得ないのである。

　保守派と言われている人たちは、選択的夫婦別姓制度の導入にも強く反対しているわけだが、実は、昔の保守派はむしろ夫婦同姓に反対し、夫婦別姓にこだわっていた。そのことは、最近刊行された尾脇秀和氏の『女の氏名誕生』（ちくま新書）を読んでみるとよくわかる。

　この本では、とくに江戸時代以降の女性の氏名の変遷《へんせん》について詳しく述べられており、随所で興味深い事実が指摘されている。

　たとえば江戸時代後期、女性の名前は「つる」や「とみ」などほとんどが平仮名二文字だった。日常の暮らしでは、そこに「お」という字がつけられ、「おつる」や「おとみ」と呼ばれた。ただし、手紙や証文で名前を記す場合には、ほとんどが「つる」や「とみ」として、「お」をつけなかった。

　それが宛名になると、「おつる殿」と敬称の「殿」をつけた上に、「お」もつけていた。そうなると「お」が名前の一部なのか、それとも接頭語なのかが問題にもなってくるのだが、尾脇氏は、どちらも正解だとしている。女性の名前につけられていた「お」の正体を説明することは意外と難しいのだ。

嵯峨天皇がはじめた女性名に「子」をつける伝統

明治に時代が変わると、今度は「お」ではなく、「子」が女性の名前につけられるようになる。「つる」が「つる子」となったわけである。こうした命名の仕方は上流階級からはじまり、1897（明治30）年頃には一般の庶民にも急速に広まっていった。

女性に「子」をつけるのも嵯峨天皇がはじめたことである。正妃であった橘嘉智子《たちばなのかちこ》との間には二人の親王と五人の内親王が生まれているが、女性たちは、正子《まさこ》内親王、秀子《ひでこ》内親王、俊子《としこ》内親王、芳子《よしこ》内親王、繁子《しげこ》内親王と名付けられた。

その先代の第五十一代平城《へいぜい》天皇だと、娘たちは上毛野《かみつけの》内親王、石上《いそのかみ》内親王、大原《おおはら》内親王、叡奴《えぬ》内親王と「子」はついていなかった。第五十三代淳和《じゅんな》天皇は、嵯峨天皇の命名の仕方を踏襲《とうしゅう》し、娘には氏子内親王などと「子」をつけていた。これが、皇室の伝統になっていくのである。

現在の皇室においても、その伝統は受け継がれている。だからこそ、愛子内親王、眞子氏、佳子内親王なのであり、女王も皆「子」がついている。

一つ興味深いのは、民間から皇室に嫁いだ女性たちの場合である。美智子上皇后や雅子皇后がそうであるように、誰もが「子」がついている。これは偶然に違いないが、皇室に嫁いだなかで現在もっとも若い紀子皇嗣妃は１９６６（昭和41）年の生まれで、その時代になると、女の子の名前に「子」をつけるのは半分くらいに減っていた。

昭和の終わりになると、「子」はむしろ少数派になっていく。その傾向は平成の時代になってさらに強まっていく。

悠仁親王は２００６年生まれだが、その年、女の子の名前で多かったのは陽菜、葵、さくらだった。子どもの名前のつけ方は変遷し、流行の名前はどんどん変わっていくので、再び「子」をつけるのがブームになることがあるかもしれない。だが、今のままであれば、将来において陽菜皇太子妃や葵皇后が誕生しても不思議ではないのである。

夫婦同姓に反対した明治期の保守派

それはともかく、江戸時代の武士の家では、「渡辺儀助倅　渡辺定助」のように、男子ついていなかった。たとえば「諏訪右衛門娘　きた」と、苗字はついていなかった。

それが、明治時代以降になると、女性にも苗字がつくようになる。ただし当初の段階では、そこに相当の混乱が見られた。

とくに問題になったのが、妻が夫の苗字を名乗るべきなのか、それとも実家の苗字を名乗るべきなのかという点であった。つまり、夫婦同姓か夫婦別姓かが問われたのである。

具体的にいえば、里見家から大内家に「花」という女性が嫁いだとき、「大内花」とするのか、それとも「大内某妻里見花」とすべきなのかということである。

この議論は紛糾し、政府のなかでもなかなか意見がまとまらなかった。夫婦同姓に反対したのは、古代の姓のあり方へと戻ることを主張する「復古派」だった。今日では、これが保守派にあたる。今は保守派が夫婦同姓に固執しているが、明治時代に夫婦別姓にこだわったのは保守派だったのである。

夫婦同姓は近代社会が生み出したもの

日本において、いったい何が「保守」なのかは必ずしも明確ではなく、大いに議論を呼ぶところである。現在の石破茂《いしばしげる》首相も、自民党を保守政党とはとらえず、「国民政党」ととらえている。自民党のなかには、そのようにとらえる政治家が他にも存在する。

しかも、政党名に保守をつける有力な政党はこれまで誕生してこなかった。イギリスの保守党は、正式な名称は保守統一党で、英語では"Conservative and Unionist Party"である。ところが、自民党の正式名称は自由民主党であり、そこに保守ということばは含まれていない。自由と民主ということは、むしろ保守とは対極のイメージがある。

保守は、何より伝統ということを重んじ、それを守り続けることを強く主張する。しかし、伝統とはどこまで遡るべきものであるのかは相当に難しい。

選択的夫婦別姓制度の確立に反対する保守派は、夫婦同姓が伝統だとするが、それはあくまで「明治になってからの伝統」であり、近代社会が生み出したものである。その点で、皇位継承について男系男子が伝統であるとする議論と共通している。明確に男系男子での継承を規定したのは旧皇室典範であり、それより前には、そんな規定はどこにもなかった。

社会は絶えず変化し、しかも、そのあり方は大きく変わっていく。変化が起こってしまうと、それより前のことがわからなくなってしまう。私たちは、伝統だと言われる事柄が、いったいいつまで遡れるものなのかを確かめていく必要がある。

多くの場合、それほど昔に遡ることは難しい。少なくとも夫婦同姓や男系男子での皇位の継承は明治以降に生まれた、比較的新しい「伝統」である。にもかかわらず、伝統ということばが持ち出されるのは、他に正当な理由を述べることが難しいからなのではないだろうか。

「これは伝統である」という言い方は国内では通用するかもしれないが、国際的には難しい。皇位継承の問題が新たな段階を迎えていることは間違いないのである。

第七章

女性天皇たちの時代があった

～戦争にも政争にも積極的だった女帝たち

自民党総裁選で実現しなかった女性総裁の誕生

2024年9月27日に自民党の総裁選挙が行われた。この選挙には九人の立候補者があった。岸田文雄《ふみお》元総裁のもと、多くの派閥が解散し、派閥の縛りがなくなったことが候補者の数を増やすことに結びついた。

そのこともあり、第一回の投票では過半数に達した候補者はいなかった。ただ、高市早苗《たかいちさなえ》経済安全保障担当大臣がトップになり、初の女性総裁誕生かと思われた。自民党総裁になることは内閣総理大臣になるということであり、政治の世界で初めて女性がその頂点に立つ可能性が開かれた。

ただ、石破茂元幹事長との決選投票では石破票が高市票を上回り、女性総裁は誕生しなかった。

石破新総裁は、総理に指名される前から、国会を解散する意向を示していた。そのため、日本の社会はその後、解散を前提に動き出した。総理を指名するのは天皇であり、その指名がなされる前に解散にむかうのは、順序としてはおかしなことである。

しかし、解散は既定の方針となり、総裁選のちょうど一カ月後、10月27日には衆議院議員選挙が行われた。この選挙において、自民党は単独過半数を割り込み、連立を組む公明党の議席を足しても過半数に満たない状態に追い込まれた。その原因として裏金問題が大きかったと言われるが、自民党の支持基盤は弱体化しており、早晩こうした結果になるのは必然的なことであったとも言える。

石破政権は、誕生してすぐに少数与党となり、これまでとは異なる国会運営を強いられることとなった。たとえ高市氏が最初の女性総理になっていたとしても、選挙に勝利できたとは思えない。初の女性総理の船出も相当に厳しいものになったことが予想される。

日本史上に残る二人の女性権力者

第一章で紹介した小説「ＡＡゴールデンエイジ」では、芦田愛菜氏が日本初の女性総理になるのは２０４３年と想定されていた。高市氏が次の総裁選に出馬し、勝利をおさめられるかどうかはわからないが、小説で想定されたよりも早く女性総理が誕生する可能性は高まっている。

海外では、女性の大統領や首相が次々と誕生している。しかも、サッチャーやメルケルのように、国際政治に多大な影響を与える女性政治家も珍しくなくなってきた。その点では、日本の政界における女性進出は世界に大きく後れをとっていると言える。

日本の歴史を振り返ってみたときにも、女性の権力者の名前をあげることはかなり難しい。ただ、それに該当する女性がいないわけではない。一人は、鎌倉幕府を開いた源頼朝《よりとも》の妻、北条政子《ほうじょうまさこ》である。政子は夫の死後、「尼《あま》将軍」として政務の中心にあった。

もう一人は、室町幕府の第八代将軍、足利義政の正室だった日野富子《ひのとみこ》である。実子であった義尚《よしひさ》を将軍に就任させようと企て、義政の弟であった義視《よしみ》と対立した。これによって富子は、かの「応仁の乱」の端緒を作ったともされる。そして、義尚が将軍になると、富子は幕政に関与した。

興味深いのは富子が、第一章でふれた、日本は女性が治めるべき国であると主張した一条兼良から『源氏物語』の講義を受けていることである。兼良は関白であり、女性が関白から講義を受けるのは異例のことだった。

富子は兼良から『源氏物語』のような古典だけではなく、「政道」についても学んでいる。兼良が、日本は女性が治めるべき国だと述べたのは、義尚の帝王学のために書かれた

『樵談治要《しょうだんちよう》』においてだった。そこで兼良は、第一章で引用した部分に続けて、「男女に限らず天下の道理にくらくなければ、政治をすること、または政治を補佐することに支障はない」と記していた。兼良の念頭には富子のことがあったに違いない。

女性天皇が次々に誕生した古代の日本

このように、日本の歴史において女性の権力者を見出すことは少数にとどまっているが、さらに歴史を遡ると、日本にも女性の権力者が次々と誕生した時代があったことがわかる。それは飛鳥時代から奈良時代にかけてのことで、この頃多くの女性天皇が現れたのである。

飛鳥時代は592年から710（和銅3）年まで続くが、第三十三代の推古《すいこ》天皇からはじまって、皇極《こうぎょく》天皇（第三十五代）、斉明《さいめい》天皇（第三十七代）、持統天皇（第四十一代）、元明《げんめい》天皇（第四十三代）が即位した。元明天皇の時代には平城京への遷都が行われた。

続く奈良時代は710年から794（延暦13）年まで続き、元明天皇の後には元正《げんしょう》天皇（第四十四代）、孝謙《こうけん》天皇（第四十六代）、称徳《しょうとく》天皇（第四十八代）といった女性たちが天皇に即位している。

このうち、斉明天皇は皇極天皇の重祚（二度即位すること）で、称徳天皇も孝謙天皇の重祚だった。孝謙天皇は、日本の歴史上、今のところ唯一の女性皇太子でもあった。

第三十三代の天皇から第四十八代までの間、十六人の天皇が在位したことになるが、そのうち六人は女性が占めている。重祚が二人なので八代ということになり、半分は女性天皇だった。江戸時代にも女性天皇は生まれるが、飛鳥・奈良時代は、日本史上まれにみる「女帝の時代」だった。これは注目すべきことである。

神功皇后の六十九年に及ぶ在位

日本は古来、中国から多くのことを学び、さまざまな制度や文物を取り入れてきた。だが、中国の女帝といえば、唐の時代の則天武后《そくてんぶこう》に限られる。他の国でも、これだけ多くの女帝が続けて現れた例は珍しい。

従来の見方では、こうした女帝は、男性の皇位継承者がいないときの「中継ぎ」とされてきた。戦後の歴史学の世界で権威と目された井上光貞《みつさだ》氏は、「古代の女帝」（『歴史と人物』1964年11月号）という論文において、女帝とは「いわば仮に即位したもの」と述べていた。辞書にある女帝の項目を見ても、女帝はあくまで中継ぎとされている。

しかし、どうだろうか。

中継ぎにしては、古代の女帝の数はあまりに多すぎる。中継ぎであるなら、さっさと男性の天皇に交替してもいいはずだ。ところが、推古天皇などあしかけ三十六年間も在位していた。孝謙・称徳天皇も、重祚したこともあり、在位期間はあしかけ十五年に及んだ。

実は、さらに時代を遡ると、これより長く在位した女帝がいた。それが第十四代の仲哀《ちゅうあい》天皇の皇后だった神功皇后である。現在では、神功皇后は天皇の政務を代行する「摂政」とされてはいるものの、その期間は六十九年に及ぶ。

720（養老4）年に成立した『日本書紀』の最初の部分は「神代」で、神話が語られている。だが、初代の神武《じんむ》天皇以降は、それぞれの天皇が即位した時代の事柄について記されており、全体で三十巻に及んでいる。別に系図一巻があったのだが、それは失われている。

神代には二巻が費やされ、神武天皇の時代のことについては一巻が割かれている。一人の天皇に一巻が割かれることが多いが、なかには一巻に二人、あるいは八人の天皇の時代について記されていることもある。そのなかで、神功皇后には一巻が割かれている。

したがって、古来、神功皇后は第十五代の天皇とされてきた。ところが、1924（大正13）年に「皇統譜令」が定められ、それにもとづいて作成された「皇統譜」では、天皇から外されている。万世一系を強調し、皇位を男性に限定した明治以降の政府は、それほど長く在位した女帝を認めたくなかったのだ。

戦争にも政争にも女帝は積極的にかかわった

女帝が長く在位したということは、それだけ為政者として多くの仕事をなしとげたことを意味する。推古天皇だと、仏教の興隆や遣隋使の派遣、国史（『日本書紀』）の編纂《へんさん》などを行っている。持統天皇も、「飛鳥浄御原令《あすかきよみはらりょう》」を制定し、藤原京の造営をなしとげた上、外交面では新羅《しらぎ》に朝貢させている。

どの女帝も、同時代の男性の天皇と比べて遜色《そんしょく》ない働きをしている。孝謙・称徳天皇などは、橘奈良麻呂《ならまろ》の乱や藤原仲麻呂《なかまろ》の乱を鎮圧しているし、不和となった第四十七代淳仁《じゅんにん》天皇から皇位を奪った上で天皇に復帰している。戦争であろうと、政争であろうと、女帝たちはそれに積極的にかかわったのだ。

現代における女性天皇、女系天皇の問題に深くかかわってくるのが元明天皇から元正天皇への皇位の継承である。元明天皇は元正天皇の母親である。そこでは、母から娘へと皇位の継承が行われたことになる。つまり、女系で継承されたのだ。

ただ、元明天皇は天智天皇の第四皇女で、天武天皇と持統天皇の子である草壁皇子《くさかべのみこ》の正妃だった。元正天皇はその間に生まれた皇女であり、父親の草壁皇子も皇族であった。その点では、男系での継承であったとも言える。

ただし、「飛鳥浄御原令」の後に制定された「大宝律令《たいほうりつりょう》」（701年）や「養老律令《ようろうりつりょう》」（718年）には、女系による皇位の継承を認める条文が含まれていた。

養老律令のなかにある「継嗣令《けいしりょう》」は今日の皇室典範に相当するものだが、その最初の部分では、「天皇の兄弟、皇子は、みな親王とすること」とされ、そこに注が入り、「女帝の子もまた同じ」と記されていた。親王とは天皇の子を意味するわけで、天皇が男性であろうと女性であろうと、その子どもは誰もが親王（内親王も含む）だというのである。

日本の律令は、中国の隋や唐の律令を模範として制定されたものだが、中国では、女帝の出現を想定していなかった。その点で日本は異なっており、だからこそ、わざわざ「女帝の子もまた同じ」と注記されたのである。

「真の意味」で天皇として行動した古代の女帝

これまで見てきたように、現在においては、皇族の数を確保するために「女性宮家」の創設が議論され、国会もその方向で動いている。少数与党になったことで政治状況は流動化したものの、2024年12月17日、玄葉《げんば》光一郎《こういちろう》衆院副議長はポッドキャストの番組で、25年7月に予定されている参議院議員選挙までに結論を導き出したいと発言した。玄葉副議長は、そこで「腹案も自分のなかにある」と述べたものの、その内容については明かされなかった。

いったいその腹案がいかなるものなのか大いに注目されるところだが、女性宮家が創設されたとき、その配偶者や子どもを皇族とするのかどうかが問題にされてきた。すでに述べたように、今の国会の議論では、配偶者や子どもは皇族としない方向性が有力とされているが、前の章で指摘したように、そうすると新たな女性差別を生むことになる。古代の律令においては、配偶者にはふれられていないものの、子どもは皇族と認められていたのである。

要するに、古代の日本においては、皇位継承は男性にも男系にも限定されず、次々と女帝が現れ、長く在位した上に、さまざまな方面で権力を行使した。女性天皇は当たり前で、女系による継承もなされた。その時代、女性も政治的な面で大きな力を持っていたことになる。

こうした女帝の時代について研究している者は、女帝が中継ぎであったことをおしなべて否定している。たとえば成清弘和《なりきよひろかず》氏の『女帝の古代史』（講談社現代新書）では、「通説のように、女帝を単なる中継ぎとしてはとらえきれない」と指摘し、孝謙・称徳天皇については、「真の意味での女性天皇として終始、行動した」と評価している。

古代女帝時代の終焉と江戸時代の女性天皇

称徳天皇が亡くなった後、後継者が定まっていなかったため、急遽《きゅうきょ》、白壁王《しらかべ》が第四十九代の光仁天皇として最高齢で即位する。光仁天皇の子が第五十代の桓武天皇で、その時代に平安京遷都が行われ、平安時代が幕を明ける。

それ以降、女帝は長く現れなかった。それは鎌倉時代や室町時代も同じで、再び女帝が誕生するのは江戸時代になってからである。ただ、その間に女帝が生まれる可能性はあった。第七十四代の鳥羽《とば》天皇は、譲位して鳥羽法皇となったとき、娘の暲子《しょうし》内親王を天皇に即位させようとした。このことは、慈円《じえん》の『愚管抄《ぐかんしょう》』に記されている。慈円の父は摂政・関白の藤原忠通《ただみち》で、慈円は天台宗のトップである天台座主に四度就任している。

江戸時代になると、第百九代の明正《めいしょう》天皇と第百十七代の後桜町《ごさくらまち》天皇が女帝だった。江戸時代には朝廷の権力そのものが弱体化し、徳川幕府によって政治的には無力化されていたので、この二人の女帝を古代の女帝たちと同列に扱うわけにはいかないかもしれない。だが、女帝の時代以降も、女帝が現れる可能性は決して閉ざされていなかったのである。

女帝時代を終わらせた藤原氏の摂関政治

ではなぜ女帝が続けて現れ、権勢をふるった時代は古代に限定されてしまったのだろうか。

一つ考えなければならないのは、古代において、女帝は現れても、それを支える豪族や公家の家において、女性がトップになることがなかった点である。飛鳥時代から奈良時代の蘇我《そが》氏や物部《もののべ》氏においても、平安時代に摂政・関白として権力の座を独占する藤原氏においても、そのトップはすべて男性だった。藤原氏を代表する人物は「藤氏長者《とうしのちょうじゃ》」と呼ばれたが、女性が藤氏長者になることはなかった。

女帝が、豪族や公家のトップになった女性とともに手をたずさえて政治を行っていたとしたら、状況は大きく変わっていたであろう。それは、「ＡＡゴールデンエイジ」に描かれたような状況である。けれども、そのような事態は生まれなかった。

ただし、最終的に女帝の時代に終止符を打ったのは、藤原氏による摂関政治の確立であったと考えられる。藤原氏は、娘を入内させ、その娘が天皇との間にもうけた親王を天皇に即位させることで、外戚として絶大な権力をふるうようになった。そうした体制のもとでは、女帝が即位することは都合が悪い。藤原氏が外戚となれなくなってしまうからである。

藤原氏の権威を維持する「政治上の道具」

摂関政治の確立は平安時代の中期だが、藤原氏はすでに奈良時代からそうした体制の確立をめざしていた。聖武《しょうむ》天皇に嫁いだ光明《こうみょう》皇后は藤原不比等《ふひと》の娘である。摂関政治が本格的にはじまるのは、藤原良房《よしふさ》が摂政となった８６６（貞観８）年からとされる。摂政は、天皇がまだ元服しておらず、実権をふるえない時代の補佐役である。

こうした体制が生まれることで、天皇家では男の子をもうけることが何よりも重要となった。内親王にも、賀茂社の斎院や伊勢神宮の祭主になるという役割はあったものの、男子が生まれなければ皇位の継承に差し障りが起こる。

一方、摂政・関白となる藤原氏では、むしろ女子をもうけることが重視された。家を継ぐ後継者としての男子の存在も重要だが、こちらは養子という手もあった。良房の死後、藤氏長者となったのは養子の基経《もとつね》だった。

こうして、藤原氏における女性は、その権威を維持するために欠かせない「政治上の道具」となった。彼女たちは天皇の正妃として皇后になり、その子どもが天皇に即位することで、藤原氏は外戚としての権力を確立することができた。ただし天皇の正妃ではあっても、推古天皇などとは異なり、夫の死後、天皇に即位することはなくなってしまったのだ。

平安期から明治維新まで存在した「女院」

摂関政治は、1086（応徳3）年に「院政」がはじまることで終わりを告げ、やがては武家政権の時代に入る。だが、皇后になるのは皇族か藤原氏の子女に限られるという体制が昭和天皇まで続いていく。

それでも、女帝が現れなくなった時代において、女性の皇族が重要な役割を果たさなくなったわけではない。院政にともなって、「女院《にょいん》」という存在が出現することになったのだ。

女院は、第六十四代の円融《えんゆう》天皇の女御であった藤原詮子《せんし》が「東三条院」という院号を授けられたことにはじまる。女院となれるのは、太皇太后《たいこうたいごう》・皇太后・皇后の「三后」や、それに準じる准后《じゅごう》や内親王であった。皇太后は先代の天皇の皇后で、太皇太后は先々代の天皇の皇后だった。准后の正式な名称は准三后《じゅさんごう》で、三后に準じる立場にあって、経済的に優遇される女性のことをさす。つまり、女院になったのは、内親王か、藤原氏をはじめとする公家の家の女性たちだった。

女院は、上皇の存在と深くかかわっている。なにしろその妻である場合が多かったからである。天皇が譲位して上皇になると、「院庁」が設置され、その庶務や雑務を処理した。女院にもこうした院庁が設けられたので、それによって政治上の権力を行使することになった。

多くの女院が現れ、最後の女院になったのは、明治天皇の父である第百二十一代の孝明天皇の母であった正親町雅子《おおぎまちなおこ》であった。

女院の権力を支えた「院領荘園」

女院がいかに力を持つ存在であったかは、『光る君へ』でも描かれていた。藤原詮子に次いで二人目の女院となった藤原彰子は、藤原道長の長女であり、第六十六代の一条天皇の中宮であった。

道長が、天皇と彰子の間に生まれた敦成《あつひら》親王の立太子《りったいし》を行おうとしたとき、天皇と亡くなった元の中宮、定子《ていし》との間に生まれた敦康《あつやす》親王を手元で育てたこともあり、彰子は敦康親王の立太子をむしろ望んで、父道長と対立した。藤原行成の日記である『権記』には、「后宮《こうぐう》、丞相《じょうしょう》を怨み奉り給うと云々」と記されている。后宮であった彰子は丞相であった道長を怨んだのだ。『光る君へ』では、彰子が直接道長に怒りをぶつける場面が登場した。

これ以降、女院が大きな力を持っていくのは、歴史学の世界で言われる「院領荘園」を所有することになるからである。

日本における土地所有にまつわる制度は複雑で、荘園のあり方についても時代によって大きく変化していく。ただ、基本になるのは、古代の日本では律令制のもと、国土と国民はすべて天皇のものであるとされたことである。それが「公地公民制」である。

ところが、国土がすべて天皇のものであるということは、天皇は私有地を持てないことを意味した。そこで、天皇は譲位して上皇になることで、荘園を所有することができるようになった。それが院領荘園である。

「八条院領」を所有した暲子内親王

明治時代以降になると、天皇は終身とされ、譲位は想定されなくなった。実際、明治から昭和まで、天皇は亡くなるまでその地位にあった。現在の上皇はそれを覆すことになったわけだが、江戸時代までは、早い段階で譲位する天皇が少なくなかった。

それが院政を生んだ要因の一つだったが、上皇は「治天の君」として実質的に日本を支配した。治天の君になるためには、その子どもが天皇に即位している必要があった。譲位が続き、複数の上皇が存在する状況になったとしても、天皇が一人である以上、治天の君も一人しか存在しなかった。治天の君に対しては膨大な数の荘園が寄進され、それが権力基盤となったのである。

そうした院領荘園は、女院に譲与されることが少なくなかった。その代表がすでにふれた、鳥羽天皇の娘であった暲子内親王である。彼女は、后位を経ずに女院になったはじめての事例で、生涯未婚であった。ただ、第七十八代の二条天皇の准母となり、それで女院となって、八条院と号した。

暲子内親王に対しては、父から安楽寿院領《あんらくじゅいんりょう》を授与されたのをはじめ、母であった美福門《びふくもん》院《いん》の所領も相続した。所有する荘園は二百数十箇所あり、院領荘園の大半がそこに含まれていた。それが「八条院領」である。鎌倉時代後期から「両統迭立《りょうとうてつりつ》」という形で天皇家が二つに分かれ、のちに北朝と南朝となって対立した際には、八条院領は南朝である大覚寺統の中心的な経済基盤になっていく。

女院は株式会社の最高経営者と言える

暲子内親王は、１１３７（保延３）年から１２１１（建暦元）年まで生きた。それは、平安から鎌倉へと時代が変わる転換期にあたっていた。その間には源氏と平家の争いも起こったわけだが、暲子内親王は後白河天皇の第三皇子である以仁《もちひと》王を猶子《ゆうし》として支援したことから、以仁王が平家打倒のために挙兵した際には、八条院にゆかりのある源氏の武士たちが集まってきた。猶子とは、兄弟や親戚の子どもを養って、子どもにすることをいう。

岡野友彦《ともひこ》氏は、『院政とは何だったか――「権門体制論」を見直す』（ＰＨＰ新書）のなかで、源平合戦とは、八条院領荘園群と、高倉《たかくら》上皇（第八十代の高倉天皇）に寄進された高倉院領群の戦いでもあったと述べている。高倉天皇と平清盛の娘である徳子《とくこ》との間に生まれたのが、檀ノ浦の戦いで入水して亡くなる第八十一代の安徳天皇であった。

荘園というものは、経済活動の基盤であり、株式会社の前身と考えることができる。そうした荘園を管理する立場になった女院は、今日でいえばCEO（最高経営者）のような存在であったことになる。

皇族の女性たちは、たとえ女帝になることはなかったとしても、社会を動かす重要な存在であり続けたのである。

第八章

血脈によらない皇位継承

～称徳天皇の大胆な試みの真意

古代女帝時代の最後を飾った称徳天皇の重祚

平安時代に入ると、女帝の時代は終焉を迎える。前の章でふれたように、そうした計画がまったく生まれなかったわけではないが、江戸時代になるまで女性の天皇が即位することはなくなった。その理由については、前の章で述べた。

女帝の時代の最後を飾ったのが、第四十八代の称徳天皇である。称徳天皇は最初、第四十六代の孝謙天皇として即位し、749（天平勝宝元）年7月から758（天平宝字2）年8月まで9年にわたって在位したのち、第四十七代の淳仁天皇に譲位している。孝謙天皇と淳仁天皇は六親等も離れていた。

譲位した後の孝謙天皇は太上天皇《だいじょう》となった。太上天皇は上皇とも呼ばれるが、それまでの他の上皇がそうであるように、政治の世界から完全に退いてしまうのではなく、依然として権力を行使した。そこにはさまざまな事情がかかわっているが、764（天平宝字8）年には淳仁天皇を廃し、淡路島へ流刑に処してしまう。そこで淳仁天皇は暗殺されてしまい、孝謙太上天皇は称徳天皇として重祚している。

重祚した例は、歴史上は他に第三十五代と三十七代の皇極・斉明天皇しかいない。皇極・斉明天皇も女帝である。

皇極天皇は第三十四代の舒明《じょめい》天皇の皇后だったが、舒明天皇が亡くなったことで即位した。その後、同母弟である第三十六代の孝徳天皇に譲位したものの、孝徳天皇が亡くなってしまったため、62歳という高齢で再び即位している。それは、今のところ最高齢で即位した第四十九代の光仁天皇と同年齢だった。

皇極・斉明天皇の場合には、夫や弟が亡くなることで、仕方なく即位したのかもしれない。だが、孝謙・称徳天皇（これ以降は称徳天皇とする）は、天皇に即位する前に皇太子になっていた。女性の皇太子は、今のところ唯一の存在になる。皇太子になったということは、そのときの天皇が次の皇位継承者として認めたということである。

称徳天皇を皇太子にしたのは父親である第四十五代の聖武天皇だった。聖武天皇は、自らの娘に皇位を継ぐ資格があると考えたからこそ、皇太子に選んだのである。この点は、称徳天皇について考える上で極めて重要なことである。

後世に残る道鏡への「帝のご寵愛」

ところが、称徳天皇に対するその後の評価は決して芳しいものではない。その最大の要因は、彼女が僧侶である道鏡を寵愛し、それゆえに道鏡を天皇の位に就かせようとしたところにある。

寵愛ということばには、とくに深く愛し、優遇するという意味があるが、目上が目下に対して特別の愛情を注ぐというニュアンスが強い。したがって、天皇に関連した「帝のご寵愛」という表現がある。

また、「寵愛昂じて尼にする」という用例がある。これは、親の娘に対する愛情があまりに強すぎて、娘が未婚のままになってしまい、尼になるしかなくなることを意味する。こちらの場合の寵愛は、対象が娘になる。

したがって、称徳天皇が道鏡を寵愛したのだとしても、必ずしもそこに性の関係があったとは限らない。だが、後世において天皇と道鏡は同衾《どうきん》したという説が広く唱えられてきた。

さらに、道鏡には巨根伝説がある。それに対応する形で、称徳天皇には広陰説まである。両者の間には淫らな関係があり、だからこそ称徳天皇は、それまでの皇位継承の伝統を無視して、道鏡を皇位に就かせようとしたというのである。

皇位継承騒動にかかわる八幡神の託宣

果たしてそのことは本当なのだろうか。

そこには、九州の宇佐神宮に祀られた八幡神の託宣が深くかかわっている。

八幡神は、『古事記』や『日本書紀』の神代の部分にはまったく登場しない神である。八幡神を最初祀っていたのは、北九州の宇佐地方にいた新羅系の渡来人であった。

八幡神の文献上の初出は『日本書紀』に継ぐ勅撰の歴史書で、797（延暦16）年に完成した『続日本紀』においてである。737（天平9）年に大和朝廷は朝鮮半島の新羅に使節を派遣するが、相手側に受け入れを拒まれたため、両国の関係は悪化する。そこで朝廷は、各地の主だった神社に幣帛《へいはく》を奉ってこの出来事を報告するのだが、そのなかに八幡神が含まれていた。

さらに、太宰府に左遷された藤原広嗣《ひろつぐ》が反乱を起こしたときにも、八幡神に対して戦勝祈願が行われ、戦いに勝つと、新羅で作られた錦の冠や法華経などが奉納されている。

次には、八幡神の存在を強く印象づける出来事が起こる。

それは、聖武天皇が奈良の東大寺に大仏を建立したときである。大仏の鋳造は749（天平勝宝元）年10月に終わるが、11月1日に、八幡神に仕えていた八幡大神禰宜《ねぎ》外従五位下大神杜女《おおがのもりめ》と主神司従八位下大神田麻呂《おおがのたまろ》に大神朝臣《おおみわのあそみ》の姓が与えられた。そして、12月18日に八幡神は平群《へぐり》郡に迎えられ、そこに梨原宮《なしはらのみや》という神宮が作られる。これがのちの手向《たむけ》山《やま》八幡宮である。

同月25日に、八幡大神禰宜《ねぎ》大神杜女は孝謙天皇や聖武太上天皇などとともに東大寺の大仏を礼拝している。大神杜女は八幡神の「よりまし」、つまりは神憑《がか》りするシャーマンであったと考えられる。

梨原宮では、僧侶を四十人招いての悔過《けか》法要が営まれている。悔過法要とは、自らの罪を懺悔して仏に許しを請うための仏教儀礼である。その際に八幡神は、「神である自分が天の神や地の神を率いて、必ずこの大仏建立という事業を完成に導きたい。建立に使われる銅を扱いやすい水に変え、作業に使われる草や木や土に自分のからだを混ぜ込んで、あらゆる障害を取り除こう」という託宣を下したとされる。
このように、八幡神は瞬く間に重要な存在となっていったのである。

道鏡を皇位に就けるべきとする託宣の真偽

そうしたなか、769（神護景雲3）年5月、大宰主神中臣習宜阿曾麻呂《なかとみのすげのあそまろ》から、宇佐神宮の八幡神によって、「道鏡を天位につかしめば天下太平ならん」という託宣が下ったことが奏上された。当時、大宰府の長官である大宰帥は、道鏡の弟である弓削浄人《ゆげのきよひと》であった。その点で、道鏡と浄人の兄弟が仕組んだこととも考えられる。

その際、称徳天皇は夢のなかで、道鏡を皇位に就けるべきだとする託宣の真偽を確かめるために、出家して法均《ほうきん》と名乗っていた女官の和気広虫《わけのひろむし》を勅使として遣わすよう、八幡神から託宣を下される。ただ、広虫が病弱で、都から宇佐までの長旅には耐えられないということで、代わりに弟の和気清麻呂《きよまろ》が派遣された。

このときのことは、『続日本紀』に続く、『日本後紀』に詳しく述べられている。それによれば、清麻呂は、最初の託宣が下されてから三カ月後の769年8月、宇佐に参宮し、宝物を奉った上で、天皇からの命令である宣命を読み上げようとした。すると、禰宜であった辛嶋勝《からしますぐり》与《よ》曽《そ》女《め》がその宣命を聞くことを拒んだのだった。

皇位継承の観点からは矛盾した天皇の試み

清麻呂が、そのことに不審を抱き、再度宣命を読み上げることを願ったところ、与曽女は八幡神を呼び出した。すると、身の丈が三丈（約九メートル）もある僧形の八幡神が現れ、「我が国では主君と臣下とを明確に分けている。ところが、道鏡は道理に背いて、外れたことを行っている。つまりは、天子の位を狙っているのだ。そのため、神々は怒り、その祈りを聞こうとはしない。お前は、帰って私が言うとおりに奏上しなさい。天皇の位は必ず天皇の跡継ぎになるものに継がせなさい。お前は、道鏡の怒りを恐れてはならない。私が必ずや事を処理するつもりだ」という託宣を下す。

八幡神が僧形で現れたのは、この時代には八幡神は神の身を脱するために仏道修行を行っているという信仰が存在したからである。清麻呂は、この託宣をそのまま称徳天皇に伝えるが、道鏡を皇位に就けようと考えていた天皇は激怒し、清麻呂と姉の法均を流罪に処してしまう。称徳天皇はあくまで道鏡を皇位に就けようとしていたのだ。

仮に、称徳天皇と道鏡の間にただならぬ関係があったとしても、両者の間に子どもがいたわけではない。称徳天皇は生涯にわたって未婚で、子をもうけてはいない。

道鏡が皇位に就いたとしても、さらにその跡を継ぐ者はいない。道鏡も僧侶である以上、独身で子がいないからである。その点で、称徳天皇の試みは、皇位継承という観点からは矛盾している。それについては、天皇の道鏡に対する寵愛があまりに深かったからだと解釈されてきた。

称徳天皇の真意はどこにあったのか

称徳天皇がこのようにとらえられてきたことは、女性・女系天皇が否定される一つの要因になってきた。

しかし、称徳天皇の真意がどこにあったのか、これまでその点については真剣に議論されてこなかったようにも思われる。

2024年4月に寺西貞弘《さだひろ》氏によって『道鏡――悪僧と呼ばれた男の真実』（ちくま新

書）が刊行され、道鏡に改めて関心が集まった。著者は、道鏡が称徳天皇によって太政大臣禅師や法王という高い地位を与えられたことについて、官僚の最高位である太政大臣とされていても、政治にいっさいかかわることなく、たんに天皇の仏道修行を指導する立場にあっただけだと解釈している。

ただこれは、道鏡の存在を軽視するものであり、さらには称徳天皇が道鏡を皇位に就かせることで何を意図したのか、それを無視する議論であるように思われる。

というのも、寺西氏の『道鏡』では参考文献として活用されていないのだが、２０１４年に刊行された勝浦令子《のりこ》氏の『孝謙・称徳天皇――出家しても政を行ふに豈障らず』（ミネルヴァ書房）という評伝では、常識的な理解とはまったく異なる称徳天皇の構想が詳細に論じられているからである。私もこの評伝を読んで、認識を新たにした。

称徳天皇の仏教信仰の原点

重要なポイントは、称徳天皇の父が聖武天皇で、母が光明皇后であったことにある。聖武天皇は、東大寺に大仏を建立する事業を率先して進めたように、仏教に対するあつい信仰を持っていた。大仏を建立した目的も、鎮護《ちんご》国家にあった。

　大仏を建立し、それを信仰することで、国を安泰にしようと試みたのだ。こうした考え方は現代の人間には理解しにくいものだが、古代から中世にかけて、神仏の力は絶大だと考えられていた。とくに大仏は国家の要であると考えられていた。源頼朝が鎌倉に幕府を開いたとき、戦乱で損傷した東大寺の大仏を修復する作業に積極的にかかわったのも、大仏が国を護ってくれるという信仰があったからである。

　一方の光明皇后は、藤原不比等と県犬養橘《あがたいぬかいのたちばなの》三千代《みちよ》の間に生まれ、やはり仏教に深く帰依《きえ》し、夫である聖武天皇に対して仏教をもとにした政治を推し進めさせようとした。これはよく知られていることだが、光明皇后は仏教の慈悲の精神にもとづいて施薬院《せやくいん》や悲田院《ひでんいん》を設立している。今でいえば、社会福祉事業に積極的に取り組んだのだ。

　したがって、この二人の間に生まれた称徳天皇は仏教に対してあつい信仰を持つに至る。この点が道鏡を皇位に就かせようとしたことにも深くかかわっている。

「仏の智慧」を讃える独自の統治理念

では、称徳天皇はどういった政治をめざしたのだろうか。

それは、正しい仏の教えによって統治するという宗教的な理念にもとづく政治だった。だからこそ、762（天平宝字6）年には自ら出家している。称徳天皇としての重祚はその二年後のことになるので、彼女は出家したまま天皇に即位したことになる。これは、歴史上唯一のことである。そして称徳天皇は、僧侶として尊敬にあたいすると考えた道鏡を皇位に就かせようとしたのである。

称徳天皇が作った漢詩に「仏の智慧は光のように、その感化を及ぼすあらゆる世界を照らし、仏の慈悲の恵みは雲のように、全ての生あるものを庇護されている」という意味のものがある。彼女は、仏の力を讃えていたのである。

彼女は生涯にわたって独身を貫いたわけだが、それも、仏の道に仕えようとしたからではないだろうか。そして、皇統に属する後継者を残さなかったのも、それ以降の天皇は、彼女と同様に仏に仕え、道鏡のように仏の道に深く通じている人間でなければならないと考えたからなのだ。

つまり称徳天皇には、独自の天皇に対する考えが形作られていた。中国の場合、もっとも重要なのは皇帝が徳によって政治を行うことであると考えられてきた。それは政治哲学として儒教で説いていることでもあった。そして、皇帝から徳が失われたときには、新たな皇帝に交替しなければならない。これが「易姓革命《えきせい》」の考え方である。称徳天皇の発想は、これに近いものであったとも考えられる。

血脈による皇統に否定された天皇の構想

それまで、皇統は血脈によって受け継がれてきた。女帝の時代には女系での継承ということも起こったが、それも血脈によるものである。清麻呂がもたらした二度目の八幡神の託宣は、まさにその点を指摘したものだった。これによって、称徳天皇の構想は真っ向から否定されてしまったのだ。

だからこそ、称徳天皇は託宣に対して怒りをあらわにし、清麻呂を流刑に処したのだが、仏とともに神を信仰する彼女は、託宣を無視することはなかった。それを素直に受け入れ、道鏡を皇位に就かせることをあきらめている。彼女の前には、厚い壁が待ち受けていたのである。

しかも、すでに述べたように、歴史を重ねるにつれて彼女の存在は、あるいは道鏡との関係はスキャンダルに満ち溢れたものとして描かれるようになり、独自の王権論は顧みられなくなっていった。

もしも道鏡が天皇の位に就き、その後も血脈によることなく、仏教を深く信仰する天皇が続いたとしたら、日本の社会のあり方は根本的に異なるものとなっていたことだろう。その伝統が続くことは相当に難しいものだったに違いないが、武士の台頭や戦乱の世の訪れはなかったかもしれない。

現代では、天皇家の信仰は神道とされ、天皇は宮中祭祀で神主の役割を担っている。だが、明治になるまで今のような宮中祭祀は存在せず、天皇や皇族の信仰も仏教が中心だった。

仏教に対するあつい信仰を持っていた聖武天皇は、歴史上最初に戒名を授けられ、仏弟子になったとされている。称徳天皇は出家しているわけだが、道鏡と性的な関係を結んでいたなら、出家することは不都合である。この点でも、道鏡との関係がデマであった可能性が高い。

仏教から密教に移る天皇家の信仰

日本に仏教がもたらされたのは、欽明《きんめい》天皇の時代であったとされる。『日本書紀』では、552（欽明天皇13）年10月、百済《くだら》の聖明王《せいめい》（聖王）が使者を遣わしてきて、仏像や経典、幡蓋《ばんがい》とともに仏教流通の功徳を賞賛した上表文を献上してきたとされている。

これが「仏教公伝《こうでん》」という出来事だが、他の史料では異なる年代が記録されており、それは552年ではなかったのではないかとも言われる。ただ、聖武天皇の時代には552年とされていた。だからこそ東大寺の大仏開眼会は、その200年後の752（天平勝宝4）年に挙行されたのである。

日本に仏教を広める上で、最初に重要な働きをしたのは聖徳太子であった。それが本当に聖徳太子の著作であるかについては議論があるが、太子は『勝鬘経《しょうまん》』、『維摩経《ゆいま》』、『法華経』について注釈書を残している。法隆寺や四天王寺が太子ゆかりの寺であることは間違いない。

聖徳太子は皇太子にはなったものの、天皇には即位しなかった。それでも、それ以降、仏教の信仰は天皇家に深く浸透していくことになる。だからこそ、聖武天皇が大仏建立をめざし、称徳天皇が仏教者による皇位継承の構想を抱いたのだ。

平安時代になり、最澄《さいちょう》や空海《くうかい》によって中国から密教がもたらされると、代々の天皇は密教に強い関心を持つようになる。

816（弘仁7）年、空海は、第五十二代の嵯峨天皇から真言宗の本山となる高野山を下賜されている。空海はさらに、823（弘仁14）年、同じく嵯峨天皇から東寺を賜っている。東寺は真言宗の平安京における拠点となり、真言密教の根本道場となっていく。

空海は、834（承和元）年1月8日には宮中の中務省で真言の修法を行っており、これが、はじめての「後七日御修法《ごしちにちみしほ》」であった。

後七日と呼ばれたのは、宮中においては正月1日から7日にかけて「宮中前七日節会《ぜんしちにちせちえ》」が皇霊殿で営まれるからで、後七日御修法はそれに続いて行われるものとなった。その目的は、鎮護国家と五穀豊穣にあった。

その際に重要なのは、玉体安穏《ぎょくたいあんのん》と皇祚無窮《こうそむきゅう》（天皇の位が永遠に続くこと）を祈るために、

「香水《こうずい》加持」と「御衣加持《ぎょいかじ》」が行われたことである。香水加持は、天皇に対して直接灑水《しゃすい》加持を行うもので、御衣加持は、玉体の代わりに天皇の衣に加持するものである。

８３４年12月に、空海は後七日御修法を営むための専門の施設として真言院を宮中に設け、翌年１月には自らが導師をつとめている。これによって、宮中の行事のなかに、真言密教の儀礼が明確に組み込まれることとなったのである。

密教に傾倒した後醍醐天皇と後宇多天皇

歴史上の天皇のなかで密教にもっとも傾倒したのは、鎌倉時代の第九十六代後醍醐天皇と、その父である第九十一代後宇多《ごうだ》天皇であった。

後醍醐天皇については、時宗の総本山である神奈川県藤沢市の清浄光寺《しょうじょうこうじ》（遊行寺《ゆぎょうじ》）に伝わる肖像画がある。これはかなり特異な天皇の肖像画である。なにしろ天皇は袈裟《けさ》を身にまとった上、密教法具である五鈷杵《ごこしょ》と五鈷鈴《ごこれい》を両手に持っているからである。

後宇多天皇は、１２８７（弘安10）年に第九十二代の伏見《ふしみ》天皇に譲位し、院政を行うようになるが、１３０７（徳治２）年には仁和寺禅助《ぜんじょ》を戒師《かいし》として出家している。出家の原因は、后である遊義門院《ゆうぎもんいん》に先立たれたことだとされる。

ただ、後宇多天皇の密教への関心はその前からのことで、１２８１（弘安4）年に二度目の元寇《げんこう》が起こったときには、金剛《こんごう》界と胎蔵《たいぞう》界の両部大法を自ら学んでおり、その傾向は出家した前後からさらに強くなっていった。

出家した後の後宇多天皇は、醍醐寺報恩院の憲淳《けんじゅん》に対して三宝院流の秘法相承《そうしょう》を許可してくれるように願い出る。その際には、密教行者としてふさわしいふるまいをなし、報恩院に住持することを条件に相承を許されている。

一方、後醍醐天皇のほうは、皇太子の時代のことになるが、１３１２（正和元）年に報恩院流道順によって印可《いんか》を授けられている。印可は許可灌頂《かんじょう》とも呼ばれ、父親の後宇多上皇が灌頂を受けたことに従ったものと思われる。

「ない宗教」の神道と「ある宗教」の仏教

法親王についてはすでに第二章でふれたが、それは11世紀の終わりからはじまっていた。法親王は、天台座主になったり門跡寺院の門主となったりすることで、仏教界に君臨した。天皇や天皇家と仏教は深く結びついていたのである。

ところが、明治に時代が変わるときに神道を中心とした国造りがめざされ、天皇家から仏教信仰は一掃されてしまった。その伝統は現在にまで受け継がれている。

神道の場合、私が『［増補版］神道はなぜ教えがないのか』（育鵬社）で指摘したように、「ない宗教」という特徴を持っている。神道には特定の提唱者というものがおらず、したがって教えもなければ、聖典も存在しない。中世には神道の教義書が作られるようにはなるが、それは仏教の影響を受けてのことである。

それに対して、仏教は「ある宗教」であり、釈迦という提唱者がいて、教えがあり、多くの仏典が作られてきた。教えがあるということは、人を救うことができるということであり、仏教では他者のための「利他行」が勧められてきた。だからこそ光明皇后のような行動が生まれるのであり、代々の天皇も、仏教の教えに照らして国を護ろうとしてきた。

ところが、ない宗教である神道からは、そうした発想は生まれようがない。宮内庁によれば、宮中祭祀において天皇皇后は「国民の幸せを祈っておられ」るとされるものの、祈るだけで、それは具体的な行動に結びつくものではない。

私たちは、ここでもう一度、称徳天皇が考えていたと思われる大胆な構想について着目する必要があるのではないだろうか。天皇が神道の信仰を選択したのは、明治政府に強いられてのことで、決して自発的なものではなかった。天皇の信仰は伝統的に仏教であり、そうした信仰を持つことが、天皇にも皇族にも不可欠であると長い間考えられてきたのである。

第九章

皇室ニュースターの華やかなオーラル

～誰も知らない女性皇族のストーリー

女性皇族の呼称の変遷

皇族の女性の場合、そこにはさまざまな身分の違いがある。天皇の妻が「皇后」で、天皇が譲位して上皇になると妻のほうは「上皇后」になる。こうした呼び方は時代によって変わってきており、昔の皇后は「中宮」と呼ばれた。また、先々代の天皇の妻であれば「太皇太后」と呼ばれた。藤原道長の長女、彰子は『光る君へ』で、最後そう呼ばれていた。

皇太子の妻は「皇太子妃」で、昔は皇太子が東宮や春宮と呼ばれていたため、「東宮妃《とうぐうひ》」や「春宮妃《はるのみやひ》」とも呼ばれた。

天皇皇后の子は、現在では男子なら「親王」、女子なら「内親王」と呼ばれる。当初は「王」と呼ばれていたが、一世の子は「皇子」と「皇女」と呼ばれるようになり、三世になる孫以下の「王」と「女王」とは区別された。

昔は側室もいて天皇の子の数が多くなり、身分によって手当に差が生まれたことから、人数を制限するため、親王や内親王になるには親王宣下を必要とするようになった。現在では、親王宣下の制度は存在しない。

戦後に改正された皇室典範では、内親王については「嫡出の皇子及び嫡男系嫡出の皇孫」と規定されている。愛子内親王は嫡出の皇子であり、佳子内親王は嫡男系嫡出の皇孫ということになる。つまり、上皇の孫ということである。

注目を浴びる三笠宮家の彬子女王

一方で、「三世以下の嫡男系嫡出の子孫」が女王である。現在の女王は、三笠宮家の寬《とも》仁《ひと》親王の子、彬子女王と瑶子女王の姉妹、そして、高円宮家の承子女王である。この三人は、大正天皇の曾孫ということで女王と呼ばれる。

女王とあると「じょうおう」と読んでしまいそうだが、基本的には「じょおう」と読まれ、「にょおう」と読まれることもある。以前は、エリザベス女王を「えりざべす・じょおう（ジョヨワウ）」などと読んでおり、その点ではややこしい。

女王が皇族の一員であることは間違いないところだが、内親王と比較したとき、注目されることは少ない。女王が公務に携わっていることが報道されたりもするが、唯一多くの人々の注目を浴びるのは、女王が結婚し、皇室を離れるときである。

21世紀になってからは、高円宮家の典子女王が出雲大社の神職の千家国麿《くにまろ》氏と結婚し、同家の絢子女王が日本郵船勤務の守谷慧《もりやけい》氏と結婚し、それぞれ皇室を離れている。

ところが、女王としては珍しく、最近注日を浴びているのが三笠宮家の彬子女王である。

イギリス留学記である『赤と青のガウン――オックスフォード留学記』がPHPで文庫化され、ベストセラーになった。彬子女王は、「徹子の部屋」をはじめとしたテレビ番組に次々と出演し、その存在が広く知られるようになった。その後出版された『[新装版]京都 ――ものがたりの道』(毎日新聞出版)や『日本美のこころ』(小学館文庫)も広く読まれている。

昭和天皇には、秩父宮、高松宮、三笠宮という三人の兄弟がいた。彬子女王の父親は「ヒゲの殿下」として親しまれた寬仁親王であり、母親は麻生太郎元首相の妹、信子《のぶこ》妃である。

『赤と青のガウン』にあらわされたオックスフォード大学留学

私も『赤と青のガウン』を読んでみたが、とても興味深い本だった。それも、ただの留学記ではなく、オックスフォード大学で博士号を取得するまでの奮戦記だからである。

今とは違い、私が大学院生だった時代の日本の文系の大学では、博士論文など書かせてもらえなかった。指導に当たっている教授たちも、多くは博士号を持っていなかったからである。

その分、修士論文の比重が大きかった。しかも、1970年代の終わりにはまだワープロもなく、論文はすべて手書きだった。私の修士論文は三百枚を超え、途中、とうてい書き終わらないのではと思うようになり、胃が痛くなった経験がある。生涯で胃が痛くなったのはそのときだけである。

その経験からすれば、オックスフォードという超名門大学で、しかも英語で博士論文を書くことがいかに大変かがわかる。彬子女王は、「博士論文性胃炎」にかかったと書いている。その点には深く共感した。

皇族のなかには、これまでもオックスフォード大学に留学した経験を持つ人物が含まれている。現在の天皇夫妻、秋篠宮、それに寛仁親王である。他の国の大学に留学した経験を持つ皇族もいる。

秋篠宮夫妻は博士号を取得しているが、どちらも日本の大学からである。高松宮妃は海外だが、名誉博士である。海外の大学で博士論文を書き、博士号を取得したのは彬子女王がはじめてである。

江戸期の天皇のつとめの筆頭だった学問

天皇や皇族の学問との縁は深い。江戸時代に徳川幕府が発した「禁中並公家諸法度《きんちゅうならびにくげしょはっと》」では、「天子諸芸能のこと、第一は御学問なり」と、天皇の主なつとめとして学問が筆頭にあげられていた。これは、鎌倉時代の第八十四代順徳《じゅんとく》天皇があらわした「禁秘抄《きんぴしょう》」という有職故実《ゆうそくこじつ》についての書物から引用されたものであった。

禁中並公家諸法度のこの部分について、日本史の教科書などでは、天皇を学問に専念させ、政治から遠ざけるためのものであると解説されている。

しかし、これに続く部分では、学問を行わなければ昔からの道理は理解することができず、政治をよくし、国家を太平にすることができないと述べられている。

その点では、教科書の解説はまったくの誤読である。そのもとは、ジャーナリストで思想家の徳富蘇峰《とくとみそほう》が『近世日本国民史』で述べたことに遡る。徳川幕府はむしろ、天皇が歴史について学び、その上で政治に臨むことを奨励していたのだ。

「歴史を学びすぎるとイデオロギーにかぶれてしまう」

昭和天皇が生涯にわたって生物学を研究し、とくに変形菌類であるヒドロ虫類の研究で大きな成果をあげたことはよく知られている。その影響であろう、第三章でふれたように、秋篠宮はナマズの研究者として知られている。そして、悠仁親王はトンボについて研究している。

ただ、いずれも自然科学の研究であり、「禁秘抄」や禁中並公家諸法度が求めた国家の太平に結びつくような学問とは異なっている。

現在の天皇の場合には、学習院大学の史学科で学び、瀬戸内海の海上交通について研究した。だが、これも第三章でふれたように、オックスフォード大学では対象が国内ではなくなり、テムズ川の水上交通についての研究を行った。日本のことを研究すればどこかで国家の太平に結びつくかもしれないが、イギリスのテムズ川ではその可能性は低くなる。

ここで注目されることは、昭和天皇が生物学を研究するようになったいきさつである。昭和天皇は、学習院の院長だった乃木希典《のぎまれすけ》元陸軍大将の発案で東宮御所内に創設された「御学問所《ごがくもんじょ》」において、13歳から19歳まで五人の学友とともに教育を受けた。

その際、昭和天皇がもっとも関心を示したのが歴史の授業だった。ところが、「最後の元勲」と言われた西園寺公望《さいおんじきんもち》が、「歴史を深く学びすぎると特定のイデオロギーにかぶれてしまう」とそれを危険視し、それで生物学に関心がむくようになった。むしろ「むかされた」のである（〈なぜ、天皇は「生物学」を研究するのか？「歴史を学びすぎないように」と誘導される⁉　皇族の教育方針の歴史〉『歴史人』2024年9月17日配信）。

彬子女王の学問的関心の移り変わり

西園寺の考え方は、「禁秘抄」とはまったく対照的である。しかしそれが、近代になってからの天皇の学問のあり方についての代表的な見方であり、それは今日まで踏襲されているように思われる。

現在の天皇が瀬戸内海の海上交通についての研究を続けていたとしたら、歴史学者の網《あみ》野善彦《のよしひこ》氏が問題にした海の民と天皇制の関係にまで関心が広がっていたかもしれない。天皇自らが天皇制について研究すれば、センシティブな問題を生むことになる。

彬子女王は、現在の天皇と同様に学習院大学の史学科で学んでいたが、学問的な関心の移り変わりはまるで反対である。彬子女王は最初、古代ケルト史に関心を持っていた。ところが、最初に一年間オックスフォード大学に留学した際、日本美術史を専門とするようになる。海外における日本美術のコレクションが、いかなる観点からなされたかの研究である。

美術史の研究であれば、まだ国家の太平には遠い。だが、彬子女王の研究のなかには、「女性皇族の衣装の変移について：明治の洋装化がもたらしたもの」（『京都産業大学日本文化研究所紀要』24、２０１９年）なども含まれる。皇族自体が彼女の研究の対象になっているのだ。

しかも、イギリスから帰国した後は立命館大学に就職し、それ以降、京都を拠点に活動を展開している。2012年には、子どもたちに日本文化を伝える「心游舎《しんゆうしゃ》」という組織を仲間と立ち上げ、翌年一般社団法人になってからは総裁に就任している。その本部は「二所宗廟《にしょそうびょう》」と呼ばれ、伊勢神宮とともに重視された石清水八幡宮にある。

石清水八幡宮が二所宗廟とされたのは、そこで祀られる八幡神が応神天皇と習合したからである。それに、現在の神社本庁の総長は石清水八幡宮の宮司でもある。

女王をスターに押し上げた留学経験による自由

彬子女王の『赤と青のガウン』が文庫化され、ベストセラーになったきっかけは、X（旧ツイッター）での「プリンセスの日常が面白すぎる」という一般の人からの投稿だった。

本人はそのことについて、テレビのインタビューで「バズる」という表現を使っていた。もしそうした言い方を、たとえば雅子皇后や愛子内親王がしたとしたら、そのこと自体大きなニュースになるのは間違いない。

そうした発言が当たり前のようにできるのは、女王という立場にあるからだろう。留学前、同じオックスフォード大学への留学経験を持つ現在の天皇夫妻に面会するときには緊張したと述べているところに、女王という立場が示されている。

しかも彬子女王は、博士論文を書くための留学期間、皇族を警固する「側衛《そくえい》」もついておらず、自由を存分に味わった。それも、彼女のフットワークの軽さや、読者や視聴者を魅了する率直な発言に結びついていることだろう。それが一躍、彼女を皇室のスターに押し上げたのだ。

現在の天皇もオックスフォード大学に留学したときに、それまで得られなかった自由を謳歌《おうか》している。天皇の場合、日本から側衛を送ることはできなかったが、イギリス政府が警護官を二人派遣していた。それでも、イギリスでは人目を引かずに出歩くことができた（その点は、天皇自身の著書である『テムズとともに――英国の二年間』〈紀伊國屋書店〉に描かれている）。

第三章でふれた、秋篠宮が記者会見で将来における悠仁親王の留学について語ったのも、親王が一時期、そうした自由な期間を過ごすことが必要と判断してのことであろう。日本にいる限り、側衛もなしに外出することはできないし、どうしても人目を引く。

彬子女王が今後、各種のメディアにおいて発言する機会は増えていくことだろう。となると、どういった発言をするかが注目される。そして、メディアの側も、皇室自体のことについて話を聞き出そうとするようになるに違いない。

彬子女王が編纂にかかわる『三笠宮崇仁親王』

彬子女王の父親、寛仁親王は、若い頃には社会活動に専念したいと皇籍離脱を希望したことがあった。２００５年に、首相の諮問《しもん》機関である「皇室典範に関する有識者会議」が女性・女系天皇を容認する提言をまとめた際には、男系継承維持を主張し、大きな話題になった。それは、皇族は政治的発言を控えるべきだという暗黙の了解に反するものだったからである。

『赤と青のガウン』では、彬子女王が結婚を考えた男性のことがさりげなく登場する。そこも読みどころだが、その方との結婚はあきらめたという。

となると、やがて彬子女王は結婚しないまま三笠宮家の当主になる可能性がある。今でも実質的にその役割を担っているのかもしれない。とすれば、彼女は、今議論されている女性宮家の先駆けということになる。

ただ、ベストセラーになったものとは別に、彬子女王が重要な本の編纂にかかわったことは、まだあまり注目されていないかもしれない。

それが、吉川弘文館から刊行されている『三笠宮崇仁《たかひと》親王』である。これは、三笠宮の百年にわたる生涯をつづった伝記なのだが、千三百九十四頁にも及び、重さは二・三キロもある。本には分厚い「鈍器本《どんきぼん》」というジャンルがあるが、超弩《ど》級の鈍器本であることは間違いない。

二百六十頁にも及ぶ「百合子妃殿下御談話」

その分、本の定価も税込みで一万一千円である。学術書だとそれだけ高額なものも少なくないが、一般の読者が買うような価格ではない。公共図書館にも入っているが、重いだけに借りてくるのもかなり大変である。

この本は三笠宮崇仁親王伝記刊行委員会の編となっているが、その委員長をつとめたのが彬子女王である。皇族が委員長だということになると、名目だけという印象を受けるかもしれないが、彬子女王は歴史学の研究者であるだけに、先頭に立って伝記刊行の実務にあたっている。

彬子女王は本のなかで、冒頭の謝辞と「あとがき」、それに「三笠宮殿下とレクリエーション活動――ダンスは世界を救う」の章の執筆を担当している。もっとも重要な仕事は、第十章としておさめられた「百合子妃殿下御談話」の中心的な聞き手になっていることである。この談話は、2021年の3月3日から11月5日にかけて十回にわたって行われた。この章は二段組で、それだけで二百六十頁にも及んでいる。

注目されるのは、彬子女王がその談話を「オーラルヒストリー」と呼んでいることである。対象者にインタビューを重ねる聞き書きは、それぞれの学問分野で昔から行われてきているが、昨今では、とくに政治学の世界で注目され、実践されるようになってきた。彬子女王もそのことを踏まえ、談話をあえてオーラルヒストリーと呼んでいるに違いない。

まるで「女子会」のようなオーラル

政治学でのオーラルは、研究者が一人の政治家に対して行うものだが、百合子妃に対するオーラルは皇族が皇族に対して行ったもので、その点で希有な試みである。しかもその場には彬子女王だけではなく、百合子妃の二人の娘、近衛甯子《やすこ》、容子《まさこ》両氏も同席していることが多かった。その分、オーラルは和気あいあいとした雰囲気のなかで進行していき、それはまるで「女子会」のようである。

女子会だというのも、話題の中心は崇仁親王という一人の男性であり、その場に集まった妻、娘、孫が、それぞれの立場から愛をもって崇仁親王について語っているからである。崇仁親王は、三笠宮家のアイドルのような存在なのだ。

しかも興味深いことに、女性たちは立場が異なっている。百合子妃は皇族に嫁いだ経験をもち、二人の娘は皇族から離れた経験を持っている。そして、孫である彬子女王は皇族として生まれ、現在も皇族にとどまっている。

皇族の伝記本ということになると堅苦しいものを予想するが、彬子女王は謝辞で、三笠宮夫婦にまつわるとっておきのエピソードを披露している。それは、オーラルのなかでは語られていない話である。

崇仁親王は、頭の回転がはやすぎるのか、考えていることと口に出すことが一致しないことがよくあったという。「ハンカチ、ハンカチ」とハンカチを探しているはずなのに、それが万年筆であったりするのだ。

とっておきは、旅行の準備をしているとき、百合子妃にむかって「ズボンに沼津を入れといてくれ」と言い出した話である。意味がわからないので、普通なら聞き返すところだが、百合子妃は「万年筆にインクを入れておいてくれ」だと解釈し、それが正解だったというのだ。

百合子妃は2024年11月15日、101歳で亡くなった。皇族のなかでは最高齢だった。夫である崇仁親王も100歳の長寿だった。

したがって、結婚生活は七十五年にも及んだ。結婚七十五周年は「ダイヤモンド金婚式」と呼ばれるが、現実にその日を迎えられるカップルが、いったいどれだけいるものだろうか。

「ズボンに沼津」の意味がわかるのも、七十五年も連れ添った夫婦ならではのことであろう。実は私の妻には崇仁親王のようなところがあり、キュウリと言ってピーマンをさしていたりすることが少なくないので、このエピソードにはとても興味を持った。

百合子妃を「賢妻」と呼ぶ崇仁親王

オーラルでは、息の合った夫婦ぶりを示すエピソードが紹介されている。それは、崇仁親王が自分のいそがしさについて書いたエッセイにある話である。そこで崇仁親王は、「正しいいそがしさ」と「不純ないそがしさ」を区別していた。不純ないそがしさというのは気持ちだけが焦っている状態をさすようなのだが、それであまりにムシャクシャしたので、崇仁親王が「我と我が身をズタズタに切りさいなんで、三途の川に投げこんでみたい」と口走ったところ、傍らの百合子妃が「痛いわよ」と叫んだので正気に返ったというのである。

崇仁親王はその際に、百合子妃を「賢妻」と呼んでいる。そうでなければ夫婦生活は長くは続かないのだろう。オーラルが行われている間に百合子妃は98歳を迎えていた。とてもその年齢の人の受け答えには感じられない。百合子妃は、よほど明晰な頭脳を備えた「賢人」だったに違いない。

ただ、オーラルではそんな楽しい話題ばかりが出てくるわけではない。

そもそも結婚からして大変である。百合子妃は、子爵であった高木正得《まさなり》の次女で華族の出身ではあるが、彼女を崇仁親王の相手に選んだのは、崇仁親王の母である貞明《ていめい》皇太后（大正天皇妃）だった。結婚したのは18歳のときである。貞明皇太后からの指名は唐突なもので、何度も「とても、務まりません」と断ったが、皇太后は「それは、分かっている」と許してくれなかった。

なぜ貞明皇太后が百合子妃に白羽の矢を立てたのか、その理由を聞いていないというのだが、その後のことを考えると、皇太后の目にくるいはなかったことになる。

1945年8月14日の崇仁親王と陸軍将校の激論

崇仁親王との結婚が1941年10月22日だから、まさに太平洋戦争がはじまる直前である。新婚生活は戦時下だった。しかも、当時の崇仁親王は軍人であった。

オーラルでは、終戦の前日である1945年8月14日に、同期の若手陸軍将校が崇仁親王のところを訪れて、激論になった話が語られている。崇仁親王は戦争はもう終わらせたほうがいいと考えていたが、同期の将校は続けるべきだと考えていた。そこで激論になったのだが、百合子妃によれば、それは「今にもピストルが飛び交うかと思うような緊迫した」場面であったという。

その際、百合子妃は、その激論を防空壕のなかから見ていた。防空壕は本来、空襲警報が鳴ったときに避難する場所だが、そのとき、三笠宮夫妻は娘とともに防空壕に住んでいた。５月の空襲で邸宅が焼けてしまったからである。

その防空壕は非衛生的で、湿度が高く、空気も悪いので、一日中外にいたという。雨が降ると悲惨で、防空壕の前に柱を立ててトタン屋根をのせていたが、それは雨漏りしていた。

皇族であれば、たとえ戦時中や戦後の苦しい時期であってもそれなりの生活が送れたのではないかと想像してしまうが、むしろ疎開もせず、東京にとどまらなければならなかったため、そうした生活を強いられたのだ。食糧事情も悪く、立場上、配給に頼るしかなかった。しかも、百合子妃のお腹のなかには長男が宿っていたのである。

崇仁親王は、戦後、学者の道を歩むようになり、そのために東京大学文学部の研究生となって、私も学んだ宗教学科の授業を受けている。崇仁親王がヘブライ語の授業を受けた大畠清《おおはたきよし》先生は、私の大先輩にもあたるわけだが、その葬儀に参列した崇仁親王の姿を見たことがあった。

それが、私が崇仁親王の姿を見た唯一の機会だが、東京女子大学で非常勤講師として教えたことでは、私も同じである。あるいは、崇仁親王と私は同じ教室で講義を行ったのかもしれない。

彬子女王は、世間からの注目を浴びるだけではなく、皇族について知ることができる重要な本を作り上げたのである。

第十章

なぜ皇室は危機にあるのか

～十六人の皇室構成員

三人しかいない皇位を継承できる男性

皇室は危機を迎えている。「安定的な皇位継承」ということが、かなり難しくなってきているからである。

皇族の数は減り続け、皇位を継承できる男性の皇族は、秋篠宮文仁皇嗣と悠仁親王、それに現上皇の弟である常陸宮正仁親王の三人しかいない。しかも、常陸宮は89歳と高齢である。

皇族も、秋篠宮が記者会見で語ったように「生身の人間」である。秋篠宮がそのことばを持ち出したのは、直接には、女性宮家の創設が構想されているにもかかわらず、宮内庁がそれに該当する可能性のある女性皇族の意見を聞いてこなかったからだ。けれども、そもそも皇族であろうと、いつまでも生き続けられるわけではない。病気や事故、あるいは事件に巻き込まれることで急に亡くなる事態が訪れないという保証はどこにもないのだ。

要人の命を脅かす事件

実際、皇族の命を危険にさらすような事件が起こっている。

１９６９（昭和44）年には、原一男《かずお》監督の映画『ゆきゆきて、神軍』の主人公ともなった奥崎謙三《おくざきけんぞう》が、一般参賀の折、昭和天皇にむかってパチンコ玉を発射した。１９７５（昭和50）年には、当時皇太子と皇太子妃であった現上皇と現上皇后が沖縄のひめゆりの塔を訪れた際、過激派によって火炎瓶を投げつけられている。２０１９年には、悠仁親王が通っていた中学校に男が侵入し、机の上に刃物をおいて逃走するという事件が起こった。

要人が命の危険にさらされるのは珍しいことではない。安倍晋三《しんぞう》元首相の銃撃事件は２０２２年のことである。戦前、戦後を問わず、日本でも政治家や財界人が暗殺される事件はいくらでもあった。

アメリカでも、当時は共和党の大統領候補だったトランプ大統領が、選挙活動中に銃撃される事件が起こった。それは２０２４年7月のことである。かつても、エイブラハム・リンカーンやジョン・F・ケネディのように、大統領が暗殺されたことがあった。

世の中何が起こるかわからない。したがって、今すぐ「天皇不在」という事態が訪れたとしても、少しも不思議ではないのである。男性皇族の数が極端に減少した現状では、その可能性は確実に高まっている。

国事行為が滞る天皇不在という事態

では、天皇不在によってどういったことが起こるのだろうか。

簡単に言ってしまえば、日本国は機能しなくなる。

この点について、私は2015（平成27）年に刊行した『戦後日本の宗教史――天皇制・祖先崇拝・新宗教』（筑摩選書）のなかで指摘した。しかし、その指摘に着目してくれたのは、当時、第二次安倍政権で内閣官房参与をつとめ、首相のスピーチライターだった谷口智彦《ともひこ》氏くらいしかいなかった。

天皇は、日本国憲法において、日本の象徴、日本国民統合の象徴とされているが、果たさなければならない重要な事柄がある。それが、「はじめに」でもふれた「国事行為」である。

国事行為には、内閣総理大臣や最高裁判所長官の任命、国会の召集や解散、総選挙の実施、法律・政令および条約の公布などが含まれる。

もちろん、国事行為を行うには内閣の助言と承認が必要であり、天皇が勝手にできるわけではない。

しかし、天皇が不在になれば、他には誰も国事行為を果たすことができない。となれば、日本国はその瞬間に機能しなくなる。国会の会期中であれば、議論はできるかもしれないが、そうでなければ国会さえ開けないのだ。

そのとき慌てて憲法を改正し、共和制に移行しようとしても、憲法改正の公布も天皇の国事行為に含まれている。

誰もそうした事態が起こることを想定していないし、想像もしていないだろう。だが、その可能性が絶対にないとは言えないのだ。しかも、これから三十年後、あるいは五十年後を考えてみるなら、その可能性は今よりはるかに高まっているはずなのである。

非常事態を救う「摂政」という唯一の手段

天皇不在は非常事態である。憲法改正をめぐっては、大きな災害やテロが勃発した際に、国会の機能を内閣が兼ねる緊急事態条項を盛り込むべきだという主張がなされているが、本来なら天皇不在という状況も考慮されてしかるべきである。

天皇不在で国事行為が行えなくなったとき、緊急手段としてさまざまな手立てが講じられるであろうが、議論が百出し、収拾がつかなくなる可能性もある。そのとき、その混乱につけこむ勢力が出てくる危険性だって十分に考えられるのだ。

普段考えてみることもないかもしれないが、天皇は国家の存亡を左右する最重要の存在なのである。

ただ、天皇不在という状況が生まれたとき、一つだけそれを救う手立てがある。それが「摂政」である。皇室典範の第十六条においては、「天皇が成年に達しないときは、摂政を置く」とし、また「天皇が、精神若しくは身体の重患又は重大な事故により、国事に関する行為をみずからすることができないときは、皇室会議の議により、摂政を置く」と定められている。

皇太子時代の昭和天皇が、病に陥った大正天皇の摂政になったことはよく知られている。その時代には旧皇室典範だが、摂政にかんする規定は現在とほぼ同じである。

摂政には、なれる順番があり、その筆頭が皇太子（皇太孫）で、次は親王・王と男性皇族が想定されている。しかし、その次が皇后で、以下皇太后、太皇太后、内親王・女王と続いていく。今の皇室典範では、女性皇族は天皇や皇太子にはなれないが、摂政にはなれるのだ。

およそ七十年にわたり摂政となった神功皇后

日本の歴史のなかで、女性が摂政になった例が一つだけある。第十四代の仲哀天皇の皇后である神功皇后が天皇亡き後、およそ七十年間にわたって摂政になったとされている。ただ、この時代の天皇や皇族となると、実在したかどうかも定かではないし、第一章で述べたように、神功皇后は、大正時代までは第十五代の天皇とみなされていた。女性が摂政になるのは希有なことでもあるが、天皇不在で男性皇族がいなければ、女性皇族が摂政となり国事行為を果たすしかないのである。

こうしたことを踏まえると、皇位継承の安定化ということでは、男性皇族の確保も重要だが、女性皇族の確保もそれに負けず劣らす重要だということがわかる。

現在女性皇族は十一人である。ごく最近まで十二人だったが、前の章でふれたように、三笠宮百合子妃が101歳で亡くなったことで、また減った。天皇家には上皇后を含めて雅子皇后と愛子内親王の三人、秋篠宮家に紀子妃と佳子内親王の二人、常陸宮家に華子妃の一人、三笠宮家に信子妃や彬子・瑶子女王の三人、高円宮家に久子妃と承子女王の二人である。

そのうち、独身は内親王と女王の五人である。独身の女性皇族は、結婚すれば皇室から離れていく。既婚の女性皇族でもっとも若いのが紀子皇嗣妃で58歳である。最年長は、上皇后の90歳である。これに男性皇族を加えても十四人である。天皇と上皇は皇族には含まれないが、それを加えても皇室の構成員は十六人しかいない。

独身の女性皇族が子どもをもうけるとしたら、結婚して皇室を離れたときである。となると、将来において新たな皇族を生む可能性があるのは、悠仁親王だけということになる。

旧宮家の男性を現皇族の養子にする選択肢

こうしたところから、独身の女性皇族が結婚した後も皇室に残る「女性宮家」の創設が案として浮上してくるわけである。

皇位継承の安定化の議論において、他に出ているのが旧宮家の男性を現在の皇族の養子にするというものである。

旧宮家とは、戦後に日本国憲法と新しい皇室典範が制定された後、皇籍を離脱した十一の家のことをさす。ただ、すでに断絶している家が五つあり、もう一つの家も断絶が見込まれている。

したがって、該当する旧宮家は五つの家に限定される。しかも、皇籍を離脱してからすでに七十七年を超える月日が経過している。たとえ養子の道が開かれたとしても、そうした家から皇族の養子になる男性が現れる可能性はほとんど考えられないのではないだろうか。したがって、国会でもその方向は十分に模索されていない。

もちろん、女性宮家が創設されたからといって、安定的な皇位継承が保障されるわけではない。それに、女性皇族と結婚した配偶者や子どもを皇族とするかどうかには、すでにふれたように議論がある。

女性宮家において、配偶者や子どもが皇族にならないのであれば、皇族の数が増えることはない。ただ、数が減らないというだけである。公務はそれで果たせるかもしれないが、皇族が増えない以上、皇位の安定的継承にはまったく結びつかない。皇室をめぐる危機は相当に深刻なのである。

女性宮家の配偶者や子どもを皇族とするか

では、女性天皇、女系天皇が実現したとしたらどうなるのだろうか。

愛子内親王が次の天皇に即位できるとする。問題は、その時点で結婚しているかどうかである。結婚していても、女性宮家が創設されていなければすでに民間人になっているわけで、天皇に即位することは難しい。

女性宮家が創設された上で結婚したとしたら、やはり配偶者や子どもを皇族とするかどうかが問題になる。しないということになると、皇族の数は増えないし、何より女系で継承するには、子どもが皇族になっていなければならない。

その点では、女性宮家を創設する際に、少なくとも子どもは皇族とする規定を設けておく必要がある。そうしないと、女性天皇が実現し、女系で皇位を継承しようとしても、それができなくなる。それは第七章でふれた、古代の律令の規定を現代にも適用するということである。

男系男子による継承だけではなく、女系女子による継承にまで幅を広げれば、天皇や皇室が存続する可能性は高くなる。

ただ、こうした方策については、保守派と言われる人々が強く反対してきた。第六章でふれた「皇統を守る国民連合の会」などがその代表である。

しかし結局のところ、男系男子での継承にこだわるこうした保守派の主張が、天皇や皇室の存続を危うくしてきたのではないだろうか。

伊藤博文から天皇に捧呈された大日本帝国憲法草案

それには、これまでの歴史が深くかかわっている。とくに日本の近代社会は、天皇という存在を国家の根幹と位置づけながら、万世一系というイデオロギーを強く打ち出したがゆえに、皇位継承をどんどん難しいものにしてきたのである。

大日本帝国憲法において、第一条では「大日本帝国ハ万世一系ノ天皇之ヲ統治ス」と、天皇は統治者と位置づけられた。第三条では「天皇ハ神聖ニシテ侵スヘカラス」と、その神聖性が強調されていた。

第四条においては「天皇ハ国ノ元首ニシテ統治権ヲ総攬シ此ノ憲法ノ条規ニ依リ之ヲ行フ」と、天皇は明確に元首とされていた。

ただし、天皇の統治権は、憲法の条文によるとされており、そこには一定の制限が加えられていた。それがより明確なのは第五条で、「天皇ハ帝国議会ノ協賛ヲ以テ立法権ヲ行フ」と、天皇の立法権が議会との協賛の上に行われるものであることが定められていた。

大日本帝国憲法で、冒頭に天皇のことが規定され、その神聖性が強調されたのは、憲法を制定する作業に携わり、ヨーロッパにまで出向いて、その地の憲法について研究した伊藤博文《ひろぶみ》の考えがあったからである。

憲法の草案が確定されると、1888(明治21)年4月27日、天皇に伊藤からそれが捧《ほう》呈《てい》された。草案は、まず枢密院で審議されるが、同年6月18日に最初の会議がもたれるにあたって、伊藤は憲法起草の大意について説明を行っている。

その際に伊藤は、「欧州ニ於テハ(略)宗教ナル者アリテ之カ機軸ヲ為シ」ているのに対して、「我国ニ在テハ宗教ナル者其力微弱ニシテ、一モ国家ノ機軸タルヘキモノナシ」と述べ、「我国ニ在テ機軸トスヘキハ、独リ皇室アルノミ」と、欧米の宗教、つまりはキリスト教に匹敵する皇室の意義を強調していた。このことが実際の憲法に盛り込まれたのである。

公卿と諸侯からなる「皇室の藩屏」誕生

その際に重要なのは、明治に時代が変わった翌年の1869年に、華族の制度が誕生していたことである。

明治より前には、京都の朝廷には「公卿」、あるいは「公家」と呼ばれる特権階級がいて、政務に当たっていた。

一方、徳川政権は各地に所領を持つ大名を擁していた。明治時代になると、かつての大名は「諸侯」と呼ばれるようになる。

華族は、公卿と諸侯からなるもので、その数は制度が発足した時点で四百二十七家に及んだ。

その後、各地の重要な神社の神職、皇族や公卿のうち藤原氏嫡流の五摂家と姻戚関係を持つ真宗(浄土真宗)各派の法主、宗主、管長、さらには公家出身で奈良の興福寺の塔頭の住職をしていて明治に入って還俗した者、あるいは南朝の末裔《まつえい》、各藩の下級武士ではあったものの明治維新で勲功のあった者、琉球王家などが華族に加えられ、その数は増えていった。

華族には、家憲や世襲財産の制定、貴族院議員になることなどの特権が与えられたが、そのなかには、皇族・王公族との通婚ということが含まれていた。

これは、江戸時代までの伝統を引き継ぐもので、天皇の正式な配偶者である中宮や皇后になることができたのは、皇族を除くと五摂家出身の女性だけだった。これは、天皇家の側からすれば、皇后などの供給源が確保されていることを意味した。

華族は、そうした役割を果たすことから「皇室の藩屏」と呼ばれた。天皇に多くの側室がいるのは当たり前のことだったが、側室になった女性たちも、公卿や華族の家の出身者だった。側室の供給という面でも、華族は重要な役割を果たしたのである。

華族が支えた王公族との通婚という外交

華族の特権として王公族との通婚ということがあげられていたわけだが、そこでいう王公族とは、韓国を併合した後、旧韓国皇帝とその一族のことをさした。このように、当時の東アジアには日本以外にも王室があった。中国には清朝という満州族の王朝があり、清朝が滅びた後、その皇帝は、満州国の皇帝に担ぎ出された。

ヨーロッパには、今でもそうだが多くの王国がある。昔に遡れば、さらにその数は多かった。そして、ヨーロッパの王家は互いに通婚しており、密接な関係を持ってきた。たとえばロシアのロマノフ王朝は、１９１７年の革命で滅びてしまうが、イギリスの王室と姻戚関係で結ばれていた。したがって、イギリス王室から誰かが行けば、ロマノフ王朝の再興は可能である。実際、どこかの王が、言語の異なる外国の王に就任することもくり返されてきた。

日本の天皇家は、国内的には華族に支えられ、また、海外の王室と関係を持つことができた。実際、梨本宮《なしもとのみや》家の方子《まさこ》女王は、大韓帝国最後の皇太子となった李垠《りぎん》と結婚している。

養子・猶子を排除した万世一系のイデオロギー

このように明治以降の皇室は、華族の制度や隣国の王朝とのネットワークに支えられていたのだが、一方で、大日本帝国憲法と同時に制定された旧皇室典範では、その第四十二条で「皇族ハ養子ヲ為スコトヲ得ス」と、養子が禁じられてしまった。さらに第五十八条では、「皇位継承ノ順序ハ總テ實系ニ依ル現在皇養子皇猶子又ハ他ノ継嗣タルノ故ヲ以テ之ヲ混スルコトナシ」とも定められた。養子も猶子も、皇位を継承できないというのだ。

一般に養子とは、養子縁組によって子どもとなった者のことをさし、猶子は、他人の子どもが対象になる場合もあるが、基本的には血のつながった人間を子どもにすることを意味する。

それまでは、天皇が養子や猶子を持つことは当たり前に行われていた。明治天皇の父である孝明天皇には、養子・猶子として載仁《ことひと》親王、貞愛《さだなる》親王、博経《ひろつね》親王、智成《さとなり》親王がいた。その父である第百二十代の仁孝《にんこう》天皇にも、猶子として貞教《さだのり》親王、熾仁《たるひと》親王、朝彦《あさひこ》親王、彰《あき》仁《ひと》親王、能久《よしひさ》親王がいた。

一般に家を存続させるというとき、養子や猶子の果たす役割は大きい。その家の当主に必ず跡継ぎが生まれるとは限らないからである。いくら側室や妾がいても、当主の側に身体的な問題があれば、子どもは生まれない。にもかかわらず、明治政府は、養子・猶子を排除してしまった。したがって明治天皇には、側室はいても養子・猶子はいない。

養子・猶子が排除されたのは、万世一系のイデオロギーがあり、男系男子での皇位継承が絶対視されたからである。

十一宮家五十一人の戦後の皇籍離脱

ただそれでも、側室は許されていた。明治天皇と昭憲《しょうけん》皇后との間には子どもが生まれなかったが、大正天皇は、華族の出身で、明治天皇の側室となった柳原愛子氏との間に生まれている。

それが、日本が戦争に敗れ、戦後の時代が訪れると、皇位継承はより困難な方向にむかっていくこととなった。

もっとも大きいのは華族の制度が廃止されたことで、これで皇室の藩屏は失われた。しかも、十一宮家五十一人が皇籍離脱し、皇族の数は一挙に減少した。

さらに皇室典範が改正され、旧皇室典範にあった皇位継承者に庶子を含める規定がなくなっている。庶子は側室から生まれる皇子のことであり、これは、側室の制度を否定するものだった。

ただ、すでに大正天皇や昭和天皇は側室を持っていなかったわけで、新しい皇室典範は、それを法的に追認したものととらえることもできた。一般的にも、側室は次第に許されなくなってきていたのである。

それに、華族が存在しなくなったわけだから、側室の供給源も失われたことになる。

もう一つ、戦後の変化として大きいのは、不敬罪が刑法から削除されたことである。不敬罪は、天皇や皇族、あるいは伊勢神宮や皇陵《こうりょう》に対して不敬行為があったときにそれを罰するもので、戦前にはくり返し適用された。

不敬罪があるなら、皇室を侮辱したり、そのスキャンダルを暴いたりするようなことは処罰の対象になる。ところが、戦後はそれがなくなった。しかも、天皇や皇族は一般の国民とは異なり、訴訟を提起することもできない。その結果、秋篠宮が記者会見で述べたような、皇族に対するいじめに似た報道がなされるようになったのである。

天皇を現人神と強調した『国体の本義』

このように、明治以降、皇位継承が困難になる状況が生み出されていった。逆に、その存続を可能にするような方策は、いっさいとられてこなかった。

大日本帝国憲法において天皇の神聖性は強調され、旧皇室典範にしても、それは天皇家の家憲で、改正ができないものとされた。しかしその時点で、天皇が神であると強調されたわけではなかった。

ところが、次第に「国体」ということが強調されるようになる。国体とは、天皇を中心とした政治体制のことをさす。満州事変が起こった後、1935（昭和10）年になると国体明徴《めいちょう》運動が起こり、憲法学者の美濃部達吉《みのべたつきち》が唱えた天皇機関説が攻撃されるようになる。

1937（昭和12）年には文部省が『国体の本義』というパンフレットを作成し、そこで、天皇が神であることが強調された。「天皇は、外國の所謂元首・君主・主権者・統治権者たるに止まらせられるお方ではなく、現御神《あきつみかみ》として肇國以来の大義に随つて、この国をしろしめし給ふ」のだというのである。

天皇が現人神《あらひとがみ》であることが日本の社会でことさら強調されたのは、１９３７年から敗戦までの、比較的短い期間であった。しかし、戦後になってもその感覚は一気に失われてしまったわけではなく、とくに昭和天皇が生きていた時代には天皇を神聖視する空気があり、天皇や皇族について発言することには数々のタブーがつきまとっていた。それは、昭和天皇が亡くなる前後の「自粛騒動」にもあらわれていた。

　こうしたことが、天皇や皇室をいかに存続させていくかの議論を活性化させることを妨げてきた面がある。しかも保守派は、頑迷に男系男子にこだわることで、危機をより増幅させているのだ。

　私たちは、天皇不在という状況が将来において起こることを前提に、今この時点で議論を深めていかなければならないのである。

第十一章

象徴天皇制の未来

～完成形態の終焉

日本の元首とは誰なのか

日本国憲法において、天皇は日本の象徴、日本国民統合の象徴と位置づけられている。では、象徴ということばは何を意味するのだろうか。

『日本国語大辞典』では、「ことばに表わしにくい事象、心象などに対して、それを想起、連想させるような具体的な事物や感覚的なことばで置きかえて表わすこと」と説明され、その実例として、「十字架でキリスト教を、白で純潔を、ハトで平和を表わす」ことがあげられている。

天皇が日本の象徴であると言うとき、果たしてこの辞書での説明にかなっているのだろうか。十字架が立っているのを見てキリスト教を連想するのは自然だが、ハトが飛んでいるのを見ても、必ずしも平和を連想するわけではない。天皇の存在に接して、必ず日本を思うわけではないだろう。

天皇が果たす役割については前の章で説明したように、国事行為が中心である。それ以外に、公務を果たさなければならないことについては「はじめに」でふれた。公務は天皇だけが行うわけではなく、皇族も行う。公務において、天皇や皇族が直接国民と接することもある。あるいは、その様子が各種のメディアで報道されることもある。

天皇の公務のなかで極めて重要なのは、外国の元首夫妻などの賓客と会う「ご会見」である。日本の元首が誰なのかは、実ははっきりしない。天皇を元首とする考え方もあれば、内閣総理大臣を元首とする考え方もある。そこに揺れが生じるのは、そもそも元首の定義が一つに定まっていないからである。定義の仕方によって、天皇が元首になったり、総理大臣が元首になったりするのだ。

ただ、日本に海外の国賓《こくひん》が訪れたとき、天皇夫妻は「歓迎行事」、「ご会見」、「宮中晩餐」に臨むことになる。これを内閣総理大臣が果たすことはない。さらに天皇夫妻は、国賓が東京を離れる際にはその宿泊先を訪問し、見送りをする。それは「ご訪問」と呼ばれる。国賓を送り出した海外の国からすれば、天皇こそが日本の元首に見えるに違いない。

皇后や女性皇族が注目される公の場

新年には、皇居で一般参賀が行われる。そこには天皇をはじめ各皇族が姿を見せることになるものの、内閣総理大臣がそれをすることはない。

夏季オリンピックは二度、日本で開かれている。「オリンピック憲章」では、開会宣言は各国の元首が行うことになっており、二度ともその時代の天皇が行っている。このことでも、天皇は元首に極めて近い存在であるということになる。

天皇がこうした公の場に姿を現すとき、その傍らには皇后がいる。あるいは、一般参賀がその代表だが、他の皇族たちがその場につらなる。園遊会なども、そうした機会になる。

その際、とくに注目されるのは、皇后や女性の皇族たちである。それも、そうした女性たちが特別な衣装を身にまとって姿を現すからである。

女性皇族の衣装の代表が「ローブ・デコルテ」である。これは、女性の夜用正式礼服であり、背や胸が見えるように襟ぐりを大きく刳《く》った袖なしのドレスであり、男性の燕尾《えんび》服に相当する。天皇は、そうした場では燕尾服を身にまとう。

日本人の女性のほとんどは、生涯にわたってローブ・デコルテを身にまとうことはないだろう。欧米だと、晩餐会、舞踏会、演奏会、オペラやバレエの観劇などでローブ・デコルテを着用する機会はあるが、日本だとそうした機会はめったにない。ありうるとしたら、結婚式くらいだろう。

しかも、皇后や女性皇族の場合には、頭上に「ティアラ」をつけることになる。雅子皇后が、天皇の即位後に行われた「即位後朝見の儀」において用いたのは、「第一ティアラ」と呼ばれるものである。それは昭憲皇太后から受け継がれてきたもので、プラチナの上に千個のダイヤモンドがちりばめられ、中央の大粒のダイヤモンドは世界で十三番目の大きさを誇っている。

一般の日本人女性がティアラをつけるのは結婚式に限られるだろうが、それほど豪華なティアラとは無縁である。

明治期に急進した日本の皇室の洋装化

彬子女王が「女性皇族の衣装の変移について：明治の洋装化がもたらしたもの」という論文を書いていることについては、第九章でふれた。その論文を読んでみると、明治に入ってから、日本の皇室がいかに積極的に洋装化を進めたかがわかる。

明治政府は近代化を進めるため、欧米から多くの外国人を招聘《しょうへい》したが、むしろそうした外国人は洋装化に反対することが多かった。洋装化を急ぐのではなく、日本の伝統的な服装を残すべきだと言ったのである。

たとえば、プロイセン（現在のドイツ）からやってきたお雇い式部官のオットマール・フォン・モールは、1887（明治20）年4月に、当時宮内大臣であった伊藤博文と会った際、急激な洋装化に反対した。にもかかわらず、伊藤は頑として譲らなかった。モールは、「まるで絵のように美しい宮廷衣装は、日本女性に対する天皇の布告によってすでに廃止され、いかにも俗悪な洋風衣装にとって代わられていた」と嘆いていた。

たしかに、明治の時代から皇后や女性皇族の正装は洋装に統一された。ただし、重要な儀式において十二単《ひとえ》を身にまとうことは今日まで受け継がれている。最近では、現在の天皇の「即位礼正殿《そくいれいせいでん》の儀」において、雅子皇后が十二単を身にまとった。女優であれば、『光る君へ』がそうであったように、平安時代などを舞台にした時代劇ではそうした機会もあるかもしれないが、一般の女性が十二単を着ることはない。あるとすれば、葵《あおい》祭の斎王代など、祭りで昔の時代の衣装を身にまとうときだろう。

存在自体が「ハレ」である女性皇族

このように、洋装にしても和装にしても、女性皇族は特別な衣装を身にまとって国民の前に姿を現す。一般の女性たちは、そこに憧れを持つことになるのである。

たとえ、こうした特別な衣装を身にまとっていなかったとしても、女性皇族が現れればその場の雰囲気は一変し、華やかなものに変わっていく。もちろん、天皇をはじめ男性皇族にもそうしたことは起こり得るが、周囲の受け止め方は女性皇族の場合とはかなり異なってくる。女性皇族は、その存在自体が「ハレ」なのだ。

私は、美智子上皇后の姿を四回見たことがある。そのうち二回は一般参賀のときで、遠くからその姿を目撃した。

他に、同じ場にいたことが二回ほどある。

一度は、生命科学を研究する中村桂子《けいこ》氏が館長をつとめていたJT生命誌研究館の何周年目かのイベントのときで、もう一度は新橋演舞場においてだった。

新国劇の名優だった島田正吾《しょうご》氏は、新国劇が解散になった後、85歳から一人芝居を続けていた。99歳までそれを続けたいというのが島田氏の念願だったが、結果的に、２００２

（平成14）年5月31日の舞台が最後になった。そのときの演目は、池波正太郎《しょうたろう》作「夜もすがら検校」だった。

私もその日の公演を見にいったのだが、上皇后も二階正面で観劇していた。私の席も、離れてはいたが二階だった。舞台が終わった後、島田氏は挨拶を行ったが、冒頭で上皇后に観劇してもらえたことに謝辞を述べていた。

そのとき島田氏は96歳で、それは毎年一度のハレ舞台だったが、上皇后がそれを観劇しに訪れたことによって、そこには特別な華やかさが付け加えられることになった。結果的に、その日の公演が島田氏にとっては生涯最後の舞台になったわけだが、上皇后が島田氏に対して人生の花道を用意したかのように思えた。

天皇から授与されるからこその勲章や褒章

一方、天皇の国事行為には栄典の授与というものがあり、春と秋の叙勲シーズンには、勲章の授与と拝謁《はいえつ》ということが行われる。大勲位菊花大綬章《だいくんいきっかだいじゅしょう》・桐花《とうか》大綬章・宝冠《ほうかん》大綬章といった大綬章や文化勲章は、天皇から直接授与される。他の勲章の受章者も拝謁することになる。その数は年間で二万人を超える。

私は、政治学者の御厨貴《みくりやたかし》氏が紫綬褒章《しじゅほうしょう》を受章したときのお祝いの会に出席したが、会場には褒章と褒章記が掲げられていた。褒章記には「日本国天皇は御厨貴氏に（中略）紫綬褒章を授与する」と書かれており、中央には国璽《こくじ》が押されていた。勲章や褒章は、天皇から授与されるからこそ価値があることになる。

天皇の名において賞されるものとしては、各種スポーツの「天皇杯」がある。国民スポーツ大会は、かつては国民体育大会と呼ばれていた。それは、1946（昭和21）年に京阪神地域で第一回が開かれて以来、毎年開催地を変え、全国の都道府県で実施されてきた。

国民スポーツ大会で優勝した都道府県には、天皇杯が授与される。女子で一位となった都道府県に対しては、別に皇后杯が授与される。大会の開会式に天皇皇后が臨席することも習わしになっている。

天皇不在で消滅してしまう天皇杯

天皇杯は、それ以外のスポーツの大会でも授与される。そのはじまりは戦前のことだった。1925（大正14）年に、大相撲本場所における優勝力士に授与されたのが最初である。ただ、戦前の天皇杯はこれだけだった。

戦後は、1946年に東京六大学野球リーグ戦の優勝校に天皇杯が授与されるようになったのを皮切りに、競馬の天皇賞優勝馬の馬主、天皇杯全日本サッカー選手権大会の優勝チームといった具合に、次々とその対象が拡大されていった。現在では、バレーボール、柔道、剣道、弓道、卓球、ソフトテニス、バスケットボール、陸上競技、軟式野球、学生の陸上競技、水泳、体操、テニス、レスリング、スキーにまで及んでおり、女子に皇后杯が授けられる競技もある。

このように、天皇は国民に対して名誉を与えるという重要な役割を果たしている。

前の章で、将来において天皇不在という状況が生まれる可能性があることにふれた。実際そうしたことが起こるかどうかは現時点では不明だが、万が一そうした事態が起こったとしたら、勲章や褒章、天皇杯の授与は行われなくなってしまう。

それは、国民の生活に直接甚大な影響を与えるわけではない。だが、そうしたことはすでに伝統になっており、日本の社会に定着してしまっている。

たとえば、サッカーの日本一を決める戦いが「天皇杯 JFA 全日本サッカー選手権大会」である。天皇杯と略されることが多いが、サッカーのチームは天皇杯で優勝することをめざしている。天皇が不在となれば、天皇杯は消滅してしまう。日本一を決める戦いは続くだろうが、それが天皇杯でなくなれば、選手の士気に影響するはずだ。

皇族が今後増える可能性は極めて低い

これからの将来において、皇族の数が減っていくことは避けられない。当然、亡くなる皇族も出てくるし、内親王や女王であれば、結婚によって皇室を離れることもある。女性宮家の創設が可能になり、それに応じる内親王や女王が出てくれれば別だが、当人がそれを望まなければ、皇室にとどまることを強制するわけにはいかない。

しかも、これから皇族が増える可能性も、悠仁親王が結婚する以外には考えにくい。女性宮家が創設されても、配偶者や子どもが皇族にならないのであれば増えない。悠仁親王の配偶者や子どもは皇族になるが、そこにしか期待できないのである。

もしも天皇不在という状況が将来において生まれ、しかも、摂政をつとめられる女性の皇族もいなくなってしまったとしたら、策の施しようがなくなる。

そうなったときには、旧宮家の人間に対して皇族復帰を求めることになるのかもしれないが、果たしてそれに応じる人物は出てくるのだろうか。

皇族であった時代を経験している旧宮家の人間はすでに数人に限られており、そのなかでもっとも年齢が若いのが朝香《あさか》誠彦《ともひこ》氏である。皇族であった時代には誠彦王と呼ばれていたが、1943（昭和18）年の生まれなので、本人に皇族時代の記憶はないだろう。まして、皇籍離脱して以降に生まれた旧宮家の人間であれば、皇族復帰には大いに躊躇するはずだ。天皇不在という状況が起こることが確実になったとしたら、私たちはそうした事態を受け入れ、どうするのかを考えなければならない。

大統領を元首とする「日本共和国」という選択

一つの選択肢として浮上してくるのは、「共和制」への移行である。

『広辞苑』において、共和制は「主権が国民にあり、国民の選んだ代表者たちが合議で政治を行い、国民が直接・間接の選挙で国の元首を選ぶことを原則とする」と説明されている。

国民の選んだ代表者たちが合議で政治を行うというところでは、現在の日本の体制と変わらない。けれども、国民が選挙で元首を選ぶという点では異なる。その場合の元首は大統領ということになる。

世界の国家を見回してみた場合、基本的に元首のあり方は二つに分かれる。元首として国王を戴いている国と、大統領がトップに立っている国である。今の日本は前者にあたるが、アメリカ合衆国やお隣の大韓民国（韓国）などは大統領制である。中華人民共和国や朝鮮民主主義人民共和国（北朝鮮）になると、国王にあたる存在はいないが、元首は選挙で選ばれるわけではない。北朝鮮だと、金日成《きんにっせい》から最高指導者の地位は世襲され、国王の継承と同じ形がとられている。

日本が共和制を採用した場合、日本国は「日本共和国」になり、大統領を元首とすることになる。大統領は選挙で選ばれることになるが、直接選挙か間接選挙か二つの選択肢がある。議院内閣制のままなら、総理大臣は間接選挙で選ばれるわけで、そうなると大統領まで間接選挙というわけにはいかないだろう。大統領については、直接選挙になる可能性が高い。

天皇が果たしてきた公務を大統領ができるか

問題は、大統領にどれだけの権限を与えるかである。一方には、アメリカ合衆国の大統領のように絶大な権力をふるえる場合もあるが、もう一方には、ドイツ連邦共和国の大統領のように、権力が儀礼的、形式的なものに制限される場合もある。

天皇のあり方に近いのがドイツの大統領である。それでもドイツの大統領には、議会の決定が基本法に反する場合には、署名を拒否する権限が与えられている。実際、大統領はこれまで八回拒否してきた。

これは権力の行使とまでは言えないが、大統領が自らの意志で政治を動かす力を、わずかなものではあるが有していることになる。日本の大統領の場合、その点をどうするか、そこは問題になってくる。

ただ、より大きな問題は、天皇や皇族が果たしてきた公務を大統領がどの程度果たすことになるかである。そもそも大統領が結婚しているのかどうか、あるいは男性か女性かによって状況は変わってくる。それに、皇族は複数いるわけだが、大統領だと本人と配偶者だけになる。大統領に子どもがいても、そうした子どもが表舞台に登場することにはならないはずだ。

その点で、天皇と皇族が行ってきた公務を、大統領がどこまで担うことができるのかというと、かなり限定的なものにならざるを得ない。たとえ大統領が男性で、大統領夫人がローブ・デコルテを着用し、ダイヤモンドのちりばめられたティアラをのせることはあっても、十二単を身にまとうことはない。大統領が、「即位礼正殿の儀」のような皇室に伝統的な儀式に臨むことは考えられないからである。

皇居をどうするかという問題もある。そこに大統領府が設けられることになるだろうが、宮中祭祀が行われてきた宮中三殿の扱いをどうするかを考えなければならない。宮中祭祀は、皇室の私的な祭祀ということで認められてきたため、大統領がそれにかかわることはあり得ない。

個々の条文を超えた憲法改正の必要性

このように、日本に大統領制を導入するとしたら、考えなければならないことがいくらでも出てくる。それぞれが難問で、何より憲法を改正することが必要になる。これまでの憲法改正についての論議は、第九条のことや自衛隊の位置づけ、あるいは緊急事態条項の創設など、個々の条文についてのことに限定されていた。

ところが、日本共和国の憲法となる「日本共和国憲法」になれば、現行憲法の大幅な改正が必要になる。憲法の枠組み自体を大きく変更しなければならないからだ。現在の憲法では、これは大日本帝国憲法と共通するのだが、天皇のことが冒頭の部分で規定されている。

明治時代に大日本帝国憲法が制定される前、多くの「私擬《しぎ》憲法」が作られたことはよく知られている。政治家や実業家、学者、新聞社、政治結社などがその主体で、外国人が作成した私擬憲法もあった。

そのなかに、1968（昭和43）年に東京の民家の土蔵から発見された「五日市憲法」

というものがある。その起草者は教員だった千葉卓三郎《たくさぶろう》という人物だったが、2013年、美智子上皇后が誕生日にあたって宮内記者会の質問に対して文書で回答した折に、五日市憲法に言及していた。当時は皇后だった。

上皇后は、5月の憲法記念日をはさんで憲法をめぐって例年以上に盛んな論議が取り交わされたことを指摘した上で、その際に、かつてあきる野市の郷土館で見た「五日市憲法草案」のことをしきりに思い出したと述べていた。上皇后は、その草案について「基本的人権の尊重や教育の自由の保障及び教育を受ける義務、法の下の平等、更に言論の自由、信教の自由など、204条が書かれており（中略）近代日本の黎明期に生きた人々の、政治参加への強い意欲や、自国の未来にかけた熱い願いに触れ、深い感銘を覚えた」というのである。

天皇の意義の再考へ導く「日本共和国憲法草案」

現代の日本人も政治参加への強い意欲をもち、自国の未来に熱い願いをかけるのであれば、「日本共和国憲法草案」を作成することを考えなければならないであろう。

もちろん、将来において、そうした形での憲法改正の必要が起こらない可能性もある。悠仁親王が天皇に即位し、多くの親王や内親王に恵まれれば、それは皇位の継承だけではなく、皇族の数の確保にも結びつく。あるいは、女性・女系天皇が可能になり、愛子内親王が即位しても、事情は同じである。

そうした事態が訪れれば、憲法の改正などまったく不要になり、日本共和国憲法草案は五日市憲法と同様にどこかに仕舞われたまま、長い間忘れ去られてしまうかもしれない。だが、改めて言うならば、必ずや事態がそちらの方向にむかう保証がないのも事実なのである。

何より、共和制に移行したときの日本について考えることは、天皇と皇族の意義を改めて考え直すことに通じるのだ。

「象徴天皇制」という完成形態の次へ

天皇という存在の起源をいつの時代に求めてよいのかについては、さまざまな議論があり、はっきりしない。『古事記』や『日本書紀』といった神話に記されていることを事実として受け取るわけにはいかないが、古墳時代以降に大和朝廷が成立し、5世紀になれば「倭《わ》の五王」も出現した。そうした王たちが天皇のルーツであり、日本の国を統治するようになったのだ。

それ以来、天皇のあり方は時代とともに大きく変化し、皇族の果たす役割も変わってきた。しかし、武家政権が誕生して以降も、鎌倉幕府や室町幕府の将軍が天皇に成り代わって「日本の王」とならなかったことは、天皇という存在が日本の国をまとめあげていく上で決定的に重要な役割を果たしていることを示している。そのもっとも安定した完成形態が、今日の「象徴天皇制」ということになるのではないだろうか。

ただそれは、天皇や皇族といった生身の人間によって支えられてきたものである。そこに、象徴天皇制を維持していくことの根本的な難しさがある。いくら制度を整えたとしても、それを体現し、具体化する人間がいなければ、制度は機能しないのだ。

私たちは、そうした、天皇や皇族が生身の人間であることをふまえた上で、将来の日本のあり方について深く考える必要があるのだ。

おわりに

「私、苗字がないものですから」

第九章で彬子女王のことについて取り上げたが、彼女がテレビ番組「徹子の部屋」に出演したおり、興味深いエピソードを語っていた。

司会の黒柳徹子氏が「銀行に行って口座を開くときとかお困りでは」と問いかけたところ、彬子女王は「姓と名を分けて書かなきゃいけないときに、姓のところを空けて書くと、『苗字のところが空いておりますが』と言われて、『私、苗字がないものですから』と答えると、『苗字がない……』と固まられてしまったり」したと答えていた。銀行員もさぞや驚いたことだろう。

皇族の場合、戸籍はない。第六章で述べたように、皇族には皇統譜があり、そこに記載される。戸籍がないので、住民票もなく、国民健康保険にも入れない。そうした点で、皇族は特殊な存在である。そして、彬子女王が詳しく述べていたが、国内では絶えず側衛という警固の人間がつくのである。

彬子女王は、自らに苗字がないことに関連し、『赤と青のガウン』で次のようなことを述べている。

それはイギリス留学中のことなのだが、日本の省庁から出向し、オックスフォード大学に留学していた日本人男性がいた。その男性に対して、日本語で「彬子女王です」と名乗ったところ、「アキコ・ジョー」さんと誤解されたというのだ。ジョーなどという姓があるわけもないのだが、彬子女王は面白そうなのであえて黙っていたという。

敗戦で消滅した皇室の財産

皇族に対しては、国の予算が割り当てられる。その点でも特殊である。皇族に割り当てられる予算は皇室費と呼ばれるもので、それは天皇や上皇に対する内廷費、各皇族に対する皇族費、そして、公的活動に使われる宮廷費に分かれている。

戦前には、皇室は莫大な財産を持っており、財閥の一つとも見なされるほどだった。収入の柱となるのは「御料林《ごりょうりん》」からのもので、主要な企業の株式も保有していた。ただ、天皇や皇族が、そうした収入を勝手に使うというわけではなかった。皇室の財産は、国会の審議を経ないでも使うことができたので、政府の裏金的な役割を果たしており、戦費などに使うことができたのだ。こうした財産は、戦争に敗れ、占領が行われた時点ですべて奪われてしまった。御料林も国有林となった。

戦後の皇室については「開かれた皇室」ということが盛んに言われたが、その際にモデルとなったのがイギリスの王室であった。しかし、イギリスの王室の場合には、多くの領地を未だに保有し、私的な財産は相当な額に及ぶ。そこが現在の日本の皇室と決定的に異なる点で、だからこそ、イギリスの王室をモデルにするには限界がある。その点はあまり考慮されてこなかったように思われる。

女性皇族にとって唯一の自由を得る手段

日本で皇族であるということは、一人では勝手に外出できないなど、数々の制約を受けるということである。しかも国民ではないので、基本的な人権が保障されているわけでもない。その上その動向は絶えず注目されており、各種のメディアを通して伝えられ、広められてきた。にもかかわらず、名誉を傷つけられても、訴訟する権利さえ与えられていないのだ。

皇族の女性にとっては、結婚して皇室を離れることが、唯一、一般の国民が謳歌している自由を得る手段になる。眞子氏は、さまざまなことを犠牲にした上で、その自由を得ることを第一に考えて行動したことになる。

佳子内親王にも、姉と同じような考え方があるとも言われる。愛子内親王については、その点についてどのような考えを持っているかわからないが、愛子天皇待望論がいくら高まったとしても、本人にそのつもりがなければ結局は実現しないだろう。

他に三人の未婚の女王もいるが、彼女たちの考えもわからない。彬子女王には結婚を考えた男性がいたらしいが、それはあきらめたという。ただ彼女の場合には、中心となる活動の場を京都においており、他の皇族とはそこが違う。

テレビのインタビューでは、京都の書店に立ち寄ったとき、『赤と青のガウン』の本を手にとった買い物客がいたので思わず「著者です」と声を掛けたら、その場がサイン会になったと語っていたが、東京では考えられないことではないだろうか。側衛もついている であろうが、彬子女王は、うまい形で自由を確保しているように思われる。

離婚した元皇族はいても離婚した皇族はいない

内親王にしても女王にしても、彼女たちは皇室に生まれているわけで、最初からそうした特殊な生活を経験している。ただ、海外に留学することで、一時期ではあるが自由な生活を経験することになる。それは、天皇をはじめ男性の皇族にも共通する。留学はどこかで終わるわけだが、その経験はその後に重要なものとなる。留学をしなければ、自由を経験しないままになってしまう。

逆に、皇室に嫁いだ女性の場合には、自由な暮らしを捨て、華やかではあるが制約のある暮らしに入っていかなければならない。しかも、いったんそうした暮らしを選択すれば、二度と元の暮らしには戻れない。近代に入ってから、離婚した元皇族はいても、離婚した皇族はいない。

離婚した元皇族とは、久邇宮朝融王《くにのみやあさあきらおう》の三女、通子《みちこ》女王のことである。ただ、結婚する前に一家で皇籍を離脱しており、離婚した時点で皇族ではなかった。そもそも結婚した時点でもそうである。したがって、イギリスのダイアナ妃のような例はない。それも、イギリスの王室と日本の皇室が異なる性格を持っているからである。

美智子上皇后が変えた巡幸

美智子上皇后をはじめ皇室に嫁いだ女性たちが、慣れない環境に苦労してきたり、配慮のない報道に心を痛めてきたことについては、さまざまに伝えられてきたので、ここで改めて具体的に述べる必要もないであろう。

皇后や皇太子妃となれば世間の注目の的で、憧れの対象でもある分、さまざまな報道がなされる。とくにＳＮＳが広まったことで、バッシングが起こりやすい状況が生まれている。それは、皇族だけではなく、多くの著名人が経験していることである。

明治天皇の場合、１８７２（明治5）年から85（同18）年にかけて、六回にわたって全国をまわっており、それは「六大巡幸」と呼ばれている。大正天皇だと、即位してからは病気がちであったが、皇太子の時代には積極的に各地に出かけている。

昭和天皇になると、戦後の巡幸がよく知られている。それは天皇自身の発案によってはじまったもので、１９４６年から54（昭和29）年までの間、八年半をかけて、アメリカの統治下にあった沖縄を除いて全国各地を巡幸している。

ただ、それまではどの天皇の場合も単独の行動で、皇后が同行したわけではない。

そうした状況は、美智子皇太子妃が登場してから大きく変わり、天皇や皇太子が国民の前に現れるとき、その傍らに皇后や皇太子妃がいることとなった。その分、皇后や皇太子妃に対する関心は高まり、それは、他の女性皇族にも及んだ。

消えることのない愛子天皇待望論

現在の皇室のあり方に対しては、多くの国民が支持しており、また親しみも感じている。そこには、皇后や皇太子妃をはじめとする女性皇族が多大な貢献をしているものと考えられる。現代になって、女性皇族の存在感は、歴史上もっとも高まっているのである。

愛子天皇待望論が盛り上がりを見せるのも、そうしたことが深く関係する。悠仁親王が結婚したとき、皇太子の立場にあるのかどうかはわからないが、もし皇太子になっていたら、新たな皇太子妃も大いに注目されることだろう。そうなると、愛子天皇待望論も鎮静化していくかもしれない。それまでは、愛子天皇待望論が消滅することはないだろう。

本書ではここまで、主に女性皇族を中心に取り上げながら、皇室の問題を考えてきた。今や、女性皇族の存在はそれほど大きいのだ。男系男子での皇位継承にこだわる保守派は、その点に目をむけていない。それによってそうした主張は、国民全般の考え方とはどうしてもずれてきてしまうのである。

男性皇族は、皇族として生まれ、今は皇族として亡くなる。昔なら、出家して法親王となったり、臣籍降下することもあったが、今はそれは考えられない。

ところが女性皇族は、結婚して皇族を離れることもあるし、結婚して皇族の一員になることもある。その点で、皇族と一般国民の中間的な立場にもある。忘れてならないのは、女性皇族は、その存在自体が「ハレ」だということである。だからこそ、皇室について女性皇族から見ていくのは、大いに意義があるのである。

追記

２０２５年３月３日、悠仁親王が成年を迎えたことで、はじめての記者会見が行われた。

男性の皇族の場合、成年を迎えると「成年式」という儀式に臨むことがしきたりになっている。悠仁親王の成年式は19歳の誕生日となる２０２５年9月6日と決まった。

4月から筑波大学への進学も決定している。そうした学業のこともあるので、本格的な公務を行うようになるのは大学卒業後のことになるのかもしれないが、これからは国民と直接に接する機会も格段に増えていくことだろう。

悠仁親王は、皇位継承資格者としては父親の秋篠宮文仁皇嗣に継いで第二位にあり、将来においては天皇になるものと見込まれている。その点で、はじめての記者会見は大いに注目されるものとなった。

記者会見の模様は映像でも紹介された。本人は緊張していると語っていたものの、いかにも皇族らしいゆったりした話し方で、これからは、「成年皇族としての自覚を持ち、皇室の一員としての役割をしっかりと果たしていきたい」と抱負を述べていた。

記者会見では結婚についても尋ねられていたが、18歳の青年らしく、「理想の時期や相手についてまだ深く考えたことはありません」と正直な答えを返していた。この点は、これからくり返し尋ねられることになるのかもしれない。

悠仁親王の成年皇族としてのデビューによって、皇室と国民との関係も新たな段階を迎えた。皇位継承資格者にとって必須ともなっている海外留学にも、悠仁親王は意欲的な姿勢を見せた。皇位の安定的な継承ということが問題になるなかで、悠仁親王が今後どういった人生を歩んでいくのか、国民はそこに大いに注目せざるを得ないのである。

２０２５年３月３日

島田裕巳

島田裕巳（しまだ・ひろみ）
1953年、東京都生まれ。宗教学者、作家。東京大学文学部宗教学宗教史学専修課程卒業、東京大学大学院人文科学研究課博士課程修了（宗教学専攻）。放送教育開発センター助教授、日本女子大学教授、東京大学先端科学技術研究センター特任研究員、東京女子大学非常勤講師を歴任。主な著書に『創価学会』（新潮新書）、『日本の10大新宗教』『葬式は、要らない』『浄土真宗はなぜ日本でいちばん多いのか』（以上、幻冬舎新書）、『教養としての世界宗教史』（宝島社）、『天皇と憲法 皇室典範をどう変えるか』『新宗教 戦後政争史』（以上、朝日新書）、『日本人の信仰』『なぜキリスト教は世界を席巻できたのか』（以上、扶桑社新書）などがある。

日本人にとって皇室とは何か

2025年4月25日　第1刷発行

著　者――――島田《しま》裕巳《だひろみ》
発行者――――鈴木勝彦
発行所――――株式会社プレジデント社
〒102-8641　東京都千代田区平河町2-16-1
平河町森タワー13F
https://www.president.co.jp/
電話　03-3237-3732（編集）
03-3237-3731（販売）

ブックデザイン――小口翔平＋青山風音（tobufune）
写真――――一般社団法人共同通信社
本文組版・図版――朝日メディアインターナショナル株式会社
編集――――村上誠
制作――――関結香
編集協力――――大場葉子
販売――――桂木栄一　高橋徹　川井田美景　森田巌
末吉秀樹　庄司俊昭　大井重儀
印刷・製本――――中央精版印刷株式会社

ISBN 978-4-8334-4076-9
Printed in Japan